Conn

Mein ungebügeltes Leben

BRUNNEN
Verlag GmbH · Giessen

Wer mehr über die Autorin erfahren möchte:
connyschrammblog.wordpress.com/

MIX
Papier aus verantwor-
tungsvollen Quellen
FSC
www.fsc.org
FSC® C083411

© Brunnen Verlag Gießen 2016
www.brunnen-verlag.de
Umschlagfoto: shutterstock
Umschlaggestaltung: Daniela Sprenger
Satz: DTP Brunnen
Druck: CPI – Ebner & Spiegel, Ulm
ISBN Buch 978-3-7655-4302-9
ISBN E-Book 978-3-7655-7461-0

www.brunnen-verlag.de

Für meine Eltern und für Dietlind.

Danke für alles.

Die Dankbarkeit verwandelt die Qual
der Erinnerung in eine stille Freude.

Dietrich Bonhoeffer

Inhalt

Vorwort

„Ich komme aus Berlin." Kaum habe ich diesen Satz ausgesprochen, werde ich, auch fünfundzwanzig Jahre nach der Grenzöffnung, häufig gefragt, von welcher Seite Berlins. Mit einem Lächeln im Gesicht erkläre ich dann: „Ich komme aus Ostberlin." Dabei ernte ich betroffene Blicke, ähnlich, als hätte ich gesagt, ich käme aus den Slums von Nairobi.

Ich nehme regelmäßig an einer Schreibwerkstatt teil. Als ich dort einmal eine Anekdote aus meiner DDR-Zeit vorlas, hörte ich den Kommentar: „Ich wusste überhaupt nicht, dass man im Osten auch lachen konnte. Ich dachte, da wäre alles nur trist und grau gewesen!"

Da dachte ich: Es wird höchste Zeit, mein Buch zu schreiben. Ich will meine Geschichte erzählen. Mir ist bewusst, dass bereits viele ostdeutsche Biografien erschienen sind. Doch jedes Schicksal ist anders. In diesem Buch erzähle ich meine Geschichte, erst aus der Sicht eines fünfjährigen Mädchens, später aus der eines Teenies und schließlich aus der Sicht einer jungen Frau, die in der Nähe zur Westberliner Grenze aufwächst.

Ich lebte als christlich erzogenes Kind im Sozialismus. Mit zunehmendem Alter geriet ich nicht nur in Interessenkonflikte zwischen meinem Glauben und dem in der Schule vermittelten sozialistischen Gedankengut, sondern entwickelte mich auch zu einer Regimegegnerin.

Ich hoffe, dass ich mit meinem Buch Verständnis für Menschen wecken kann, die Gleiches oder Ähnliches erlebt haben. Ich möchte mit dazu beitragen, dass die Mauer in den Köpfen endlich verschwindet, und Brücken bauen zwischen Ost und West.

Conny Schramm

1. Drei Kilometer

Im September 1965 erblickte ich in Potsdam unweit der Grenze zu Westberlin das Licht der Welt. Wie sich später herausstellen sollte, wurde ich genau drei Kilometer zu weit westlich geboren. Drei Kilometer, die mein Leben nachhaltig beeinflussen sollten, denn ich musste in einem sozialistischen Staat aufwachsen.

Doch erst einmal schrie ich der Menschheit ein lautes „Ich bin da!" entgegen. Im Umkreis von fünfhundert Metern konnte niemand meine Ankunft ignorieren. Wenn man den Erzählungen meiner Mutter glauben darf, hörte mein stolzer Vater mich sogar dann schreien, wenn ich ausnahmsweise einmal friedlich schlief. Nach kürzester Zeit lagen bei unserem Familienoberhaupt die Nerven blank. Meine Mutter dagegen war deutlich gelassener.

Zu meinen frühesten Erinnerungen zählt die Geburt meiner Schwester Kathrin am 28. April 1971. Ich erinnere mich noch genau an diesen Tag. Morgens ging ich in den Kindergarten, denn meine Eltern waren beide berufstätig. Unsere Kindergärtnerin Martina erzählte uns gerade eine Geschichte, als es an der Tür klopfte. Im Türrahmen stand die Chefin des Kindergartens und bat mich, in ihr Büro zu kommen. Ich war irritiert, denn noch nie zuvor war ein Kind von der Leiterin aus dem Gruppenraum geholt worden.

Doch ich staunte noch mehr, als sie sagte: „Dein Papa ist am Telefon und möchte dir etwas Schönes erzählen!" Misstrauisch starrte ich sie an. Noch nie im Leben hatte ich telefoniert. Ich besaß zwar ein orangefarbenes Spieltelefon aus Plastik, doch richtig telefonieren konnte man damit nicht. In der DDR hatten lange Zeit fast nur Behörden und Institutionen einen Fernsprechapparat. Wen wundert es da, dass ich erst einmal dazu ermutigt werden musste, mit diesem geheimnisvollen Ding zu reden? Doch dann erkannte ich Papas Stimme. Freudig erzählte er mir von der Geburt meiner kleinen Schwester Kathrin. Ich war voller Begeisterung, denn ich hatte mir schon lange eine Schwester gewünscht.

Oma Hertha holte mich mittags vom Kindergarten ab. Ich rannte ihr entgegen: „Omi, ich habe richtig telefoniert und meine Schwester wurde geboren!" Vor Aufregung stand mein Plappermäulchen nicht mehr still.

Meine Großmutter schüttelte nur ungläubig den Kopf und murmelte: „Die Kleine hat zu viel Fantasie." Sie konnte kaum mit mir Schritt halten, denn jetzt rannte ich nach Hause und erzählte allen Kindern und Nachbarn, dass wir ein Baby bekommen hatten.

Am Abend bestätigte mein Vater meinen Bericht. Leider durften Kinder damals nicht mit ins Krankenhaus und die Zeit, bis Mama und Kathrin nach Hause kommen würden, erschien mir unendlich lang.

Zu diesem Zeitpunkt lebten wir in Wilhelmshorst, einem kleinen Ort in der Nähe von Potsdam. Die Straße hieß Irisgrund. Wir wohnten zusammen mit einer anderen Familie in einem Mietshaus. Das Haus war von einem Garten umgeben, in dem man herrlich spielen konnte.

Zu der Familie, die über uns lebte, gehörten die Zwillinge Sabine und Andreas. Sie waren nur ein Jahr älter als ich. Das Beste war, dass sich die drei Kinderzimmer, die der Zwillinge und mein eigenes, im ausgebauten Dachgeschoss befanden. So konnten wir uns abends heimlich ins Zimmer der anderen Kinder schleichen, uns Gruselgeschichten erzählen und Streiche aushecken. Manchmal hatte ich nach diesen Geschichten auch Angst und versteckte mich unter meiner Bettdecke.

Meine Eltern fanden dieses Arrangement recht ungünstig, aber in unserer Wohnung war kaum Platz. Die Zwillinge waren lustig und hatten viele abenteuerliche Ideen. Ich genoss die Zeit mit ihnen.

2. Gute Freunde

In der DDR gab es zu der Zeit einen gesetzlich vorge-
schriebenen Mutterschutz von drei Monaten. So blieb
meine Mutter mit dem Baby zwölf Wochen zu Hause. Als
meine Schwester drei Monate alt war, kam sie in die Kin-
derkrippe. Sie war nur fünf Minuten von unserer Wohnung entfernt.

Ich dagegen ging weiter in den Kindergarten. Dort lernte ich viel Interessantes, aber auch, wie man einen Pan-
zer malt. Wir erfuhren, dass es besonders gut war, wenn
der Vater Soldat war und uns beschützte und gegen den
Klassenfeind kämpfte. Ich war fünf Jahre alt und hatte nur
eine sehr diffuse Vorstellung von einem Klassenfeind. Man
brachte uns auch bei, dass es lebensnotwendig sei, unser
Volkseigentum zu verteidigen – notfalls mit der Waffe.

Mein Vater war kein Soldat. Er arbeitete in der Ortho-
pädie und baute für Menschen, die bei einem Unfall ihren
Arm oder ihr Bein verloren hatten, ein neues, künstliches
Bein. So half er ihnen, wieder laufen zu können. Ich fand,
das war eine bedeutsame Aufgabe. Meine Mutter war
Krankenschwester bei der DEFA, dem DDR-Filmstudio.
Dort musste sie häufig berühmte Schauspieler verarzten.
Sie erzählte mir von Gojko Mitić, dem „DDR-Winnetou",
und von Manfred Krug.

Im Kindergarten lernten wir ein Lied über unsere tapferen Soldaten. Darin heißt es:

Gute Freunde

Soldaten sind vorbeimarschiert
Im gleichen Schritt und Tritt.
Wir Pioniere kennen sie
Und laufen fröhlich mit.
Gute Freunde, gute Freunde,
Gute Freunde in der Volksarmee.

Sie schützen unsre Heimat
Zu Land, zur Luft und auf der See …
Der Flügelmann im ersten Glied
Mit Stahlhelm und MPi,
Als Melker der Genossenschaft
Betreute er das Vieh.
Gute Freunde, gute Freunde,
Gute Freunde in der Volksarmee.

Text: Hans-Georg Beyer*

Jedes Jahr am 1. März feierten wir den Tag der Nationalen Volksarmee. Alle staatlichen Gebäude wurden dann mit der DDR-Fahne oder mit der Arbeiterfahne geschmückt. Unser Kindergarten war natürlich auch beflaggt. Wir hörten, dass es wichtig sei, aus Solidarität mit den tapferen Helden auch zu Hause die Fenster mit Fahnen zu schmücken. Ich wusste zwar nicht genau, was Solidarität war,

---

doch ich bedrängte meine Eltern so lange, bis jedes unserer Fenster eine Wimpelkette mit der DDR-Fahne trug. Aus meinem Fenster wehte eine besonders große Fahne – die hatte ich im Kindergarten gemalt und stolz nach Hause getragen.

Auch am 1. Mai, dem Tag der Arbeiterklasse, und am 7. Oktober, dem Tag der Republik, mussten meine Eltern Fahnen ins Fenster hängen.

Mein Vater und meine Mutter waren gläubige Christen und geprägt von der strengen Erziehung meiner Großeltern. Mein Großvater war Prediger der Landeskirchlichen Gemeinschaft. Meine Eltern arbeiteten ehrenamtlich in der evangelischen Gemeinde unseres Ortes mit. Ihnen war unsere „so schön geschmückte Wohnung" peinlich. Sie hofften aus tiefstem Herzen, dass kein Gemeindemitglied unsere beflaggten Fenster sah, denn Leute, die ihre Flaggen heraushängten, galten als „systemtreu und kommunistisch". In so einem kleinen Ort allerdings war der Flaggenschmuck nicht zu übersehen. Noch Jahre später erzählten meine Eltern von der peinlichen Situation.

3. Endlich groß!

„Hurra, ich bin ein Schulkind und nicht mehr klein …"
So hieß es in einem Lied, das wir von Martina in der Kindergartengruppe lernten. Bei diesem Lied traf leider nur der erste Teil des Liedes auf mich zu, denn ich war fast sieben Jahre alt und konnte es kaum erwarten, endlich zur Schule zu gehen. Allerdings war ich die Kleinste aus meiner Kindergartengruppe, die eingeschult werden sollte. Bei der Schuluntersuchung begrüßte mich die nette Ärztin: „Hallo, was kommt denn hier für ein Pünktchen an?" Offensichtlich hatte ich nicht die tabellarisch festgelegte Normgröße und auch nicht das nötige Gewicht. Zum Glück stellte man schnell fest, dass ich pfiffig genug war, um die Schule zu besuchen. Man kann sich meine Erleichterung kaum vorstellen.

Meiner Einschulung stand nur noch ein bedeutendes Hindernis im Weg. Ich hatte meinen Eltern erklärt, dass ich nicht ohne Zöpfe in die Schule gehen würde. Unglücklicherweise hatte ich zu diesem Zeitpunkt recht kurze Haare und wurde, sehr zu meinem Ärger, häufig für einen kleinen Jungen gehalten. Meine Mutti vollbrachte ein wahres Wunder, indem sie es irgendwie schaffte, zwei Zopfgummis in meinem Haar zu befestigen. Wie zwei dünne, drei Zentimeter lange Rasierpinselborsten standen die Zöpfe von meinem Kopf ab. Erhobenen Hauptes schritt ich an der Hand meiner Eltern der Schule entgegen. Hinderlich erwiesen sich nur der schwere Ranzen und meine Schultüte, denn sie war mit Süßigkeiten gefüllt und fast so groß wie ich. Um pünktlich in der Schule einzutreffen, übernahmen meine Eltern das Tragen der gewichtigen Gegenstände. Aufgeregt rannte ich hin und her, bis wir endlich am Schulgebäude ankamen. Dort hatten sich schon viele Familien mit ihren ABC-Schützen versammelt und es ging zu wie in einem Ameisenhaufen.

Plötzlich ertönte ein lautes Geschrei und heftiges Weinen. Neugierig sahen wir uns nach der Ursache des Lärms um. Ein Mädchen mit langen blonden Haaren wurde von vier Erwachsenen geschoben, getragen und zur Schule gezerrt. Es wehrte sich mit ganzer Kraft und schrie immer wieder: „Ich will nicht in die Schule." Ich konnte das Theater überhaupt nicht verstehen, denn ich wollte unbedingt eingeschult werden.

Endlich kehrte Ruhe ein. Dann wurden wir Erstklässler von der Direktorin begrüßt: „Ich freue mich schon lange auf diesen Tag, denn er ist sehr wichtig für euch. Das wollen wir heute feiern." Zu Beginn des Programms sangen die Schüler der zweiten Klasse ein paar Lieder und trugen Gedichte für uns vor. Dann durften wir endlich das Schulgebäude betreten. Unsere Eltern mussten draußen bleiben. Wir wurden in zwei Klassen aufgeteilt. Ich kam zusammen mit fünf anderen Kindern aus meiner Kindergartengruppe in die 1a. Nach welchen Kriterien wir in die jeweilige Klasse verteilt wurden, weiß ich nicht. Wir sollten uns zu zweit in einer Reihe aufstellen und leise der Lehrerin folgen. Im Klassenraum gab es viele Tische und Stühle. An den Fenstern klebten Friedenstauben und bunte Blumen. An der Rückwand des Raumes hing ein Bild des Staatsoberhauptes und Genossen Erich Honecker. Ich erkannte ihn sofort, denn dieses Foto hing auch in unserem Kindergarten.

Herr Honecker blickte von nun an huldvoll auf uns herab und beobachtete das korrekte Vermitteln des sozialistischen Gedankenguts. Doch das wusste ich zu diesem Zeitpunkt noch nicht, und es war mir auch egal. Viel wichtiger war mir die Frage, ob ich neben meiner Freundin Dora sitzen durfte. Auf keinen Fall wollte ich neben einem der fünf doofen Jungen aus meinem Kindergarten sitzen. Ich durfte mich zu Dora setzen und war erleichtert und glücklich. Insgesamt wurden in meiner Klasse achtzehn Kinder zusammen mit mir eingeschult.

Die Lehrerin wirkte sehr freundlich, doch sie war schon ziemlich alt, also mindestens fünfundfünfzig Jahre. Ich durfte aber nicht fragen, wie alt sie ist, denn meine Mutti hatte gesagt: „Conny, du darfst keine neugierigen Fragen stellen."

Unsere Klassenleiterin war auch eine Genossin, das konnte ich sehen, denn sie trug ein Parteiabzeichen an ihrer Bluse. Mein Vater nannte dieses Abzeichen der SED „Bonbon". Ich wusste allerdings nicht, warum der Anstecker mit den zwei darauf abgebildeten Händen so hieß, denn schließlich konnte man das Metallstück nicht lutschen. Auf die Frage, warum ein Abzeichen „Bonbon" hieß, bekam ich keine befriedigende Antwort.

Zu Beginn der ersten Schulstunde erklärte uns die Lehrerin die wichtigsten Regeln. Wir sollten die Lehrerin immer mit „Sie" und „Frau Häse" ansprechen, uns melden, wenn wir eine Frage hatten oder etwas sagen wollten, und in der Schulstunde nicht mit dem Nachbarn reden. Die letzte Regel schien mir die schwierigste zu sein, denn ich konnte mir nicht vorstellen, eine ganze Schulstunde, fünfundvierzig Minuten lang, nicht mit Dora zu reden.

Wir bekamen einen Stundenplan und einen Zettel, auf dem die Gegenstände verzeichnet waren, die unsere Eltern noch besorgen sollten. Dann durften wir zu unseren Eltern nach draußen gehen.

Ich war stolz, denn ich hatte den ersten Schultag geschafft. Ich war auf der allgemeinbildenden polytechnischen Oberschule eingeschult und konnte nun mit meiner Familie feiern. Endlich durfte ich meine Geschenke auspacken. Dazu zählten eine Federtasche, Buntstifte, ein Füller, ein Tuschkasten, ein Märchenbuch und ein Honigbär. Dieser Bär, ein Plastikgefäß in Bärenform, war mit Honig gefüllt, neben dem Märchenbuch war er mein Lieblingsgeschenk. Schon damals liebte ich Süßes sehr.

4. Rote Schuhe

Mit viel Eifer lernte ich lesen, schreiben und rechnen. Eines Tages fragte Frau Häse: „Was wollt ihr einmal für einen Beruf erlernen?" Ich meldete mich und sagte: „Ich möchte Eisverkäuferin werden!" Frau Häse lachte herzlich. Susanne, ein Mädchen aus meiner Klasse, sagte: „Ich möchte Lehrerin und Genossin werden." Sie war eine blöde Ziege und eine miese Lügnerin, denn ich hatte gehört, wie sie auf dem Schulhof sagte: „Ich möchte eine Prinzessin werden." Ich streckte ihr die Zunge raus und bekam Schimpfe, denn man darf in der Schule niemandem die Zunge rausstrecken.

Die Jungs wollten später Kosmonaut, Soldat, Lokführer oder Feuerwehrmann werden. Nur Harald sagte: „Ich möchte am liebsten Cowboy werden!" Frau Häse wurde ganz rot im Gesicht und sehr ärgerlich. Sie sagte zu ihm: „In unserer sozialistischen Republik gibt es keine Cowboys." Harald verstand die Antwort nicht und fing an zu weinen.

Abgesehen davon, dass Harald auch sonst nichts verstand, wusste ich ebenfalls nicht genau, warum er nicht Cowboy werden durfte. Ich fragte meine Mutti: „Warum hat Frau Häse gelacht, als ich ihr sagte, dass ich Eisverkäuferin werden möchte?" Meine Mutti lachte ebenfalls und strich mir über das Haar: „Lerne immer schön fleißig, dann kannst du was Richtiges werden." Bis zum heutigen Tag ist mir unklar, was sie mit „etwas Richtiges" gemeint hat. Die Frage, warum Harald kein Cowboy werden durfte, ist bis heute ungeklärt.

Es musste noch abgesprochen werden, an was für einer Arbeitsgemeinschaft ich teilnehmen sollte. Die Teilnahme war für jeden Schüler einmal pro Woche Pflicht. Ich durfte nicht in die AG Sport, weil ich unübersehbar zu unsportlich war. Mein geheimer Traum, eine so brillante Eiskunstläuferin wie Christine Errarth zu werden, zerplatzte und fand ein abruptes und vorzeitiges Ende. So wurde aus mir kein Sternchen am Leistungssporthimmel der DDR.

Ich besuchte die Chor-AG. Wir übten fleißig jeden Dienstagnachmittag. In kürzester Zeit mussten wir viele Lieder lernen, denn am 13. Dezember war Pioniergeburtstag. An diesem Tag sollten wir alle in den Kreis der Jungpioniere aufgenommen werden. Damit alles gut klappte, übten wir ständig die Lieder „Kleine weiße Friedenstaube" und „Unsere Heimat" sowie das „Pionierlied".

Im Pionierlied heißt es:

Fröhlich sein und singen,
stolz das blaue Halstuch tragen,
andern Freude bringen,
ja, das lieben wir.
Hallo, hört ihr die Fanfaren,
hört ihr unsre Lieder?
Das sind wir!
Fröhlich sein und singen,
ja, das lieben wir.

Auf dem Wege weiter,
den uns die Partei gewiesen!
Vorwärts, junge Streiter,
vorwärts, Pionier!

Hallo, auf zu guten Taten,
denn den Sozialismus bauen wir!
Vorwärts, junge Streiter,
vorwärts, Pionier!

*Text: Ilse und Hans Naumilkat**

Jetzt mussten meine Eltern nur noch die Pionierkleidung kaufen. Ich benötigte ein blaues Halstuch und eine Pionierbluse. Auf dem Ärmel der weißen Bluse war das Pionierabzeichen aufgenäht. Die Mädchen trugen einen dunkelblauen Rock, die Jungen eine dunkelblaue Hose. Die meisten Pioniere trugen auch noch ein Käppi. Ich wollte gerne auch solch eine Kopfbedeckung haben, doch meine Mutti sagte: „Jetzt ist es genug, du brauchst kein Käppi. Das ist nur etwas für Angeber." Ich wollte kein Angeber sein, hätte aber so gerne einen Pionierhut gehabt.

Zu unserer Pionierkleidung sollten wir Mädchen weiße Strumpfhosen anziehen und schwarze Schuhe tragen. Ich hasste schwarze Schuhe!!! Ich wollte rote haben, denn rot war meine Lieblingsfarbe. Ich wusste, dass viele Menschen überhaupt keine Schuhe hatten und es tat mir auch wirklich leid, dass sie so arm waren, aber ich wünschte mir trotzdem rote Schuhe. Dieser Wunsch stellte meine Eltern vor eine große Herausforderung. Es gab viele schwarze, braune und dunkelblaue, aber nur sehr selten rote Schuhe. Dazu benötigte man schon etwas Glück oder musste die Verkäuferin gut kennen. Zudem bedeutete es noch lange

---

* Textauszug, Ilse und Hans Naumilkat, ©Friedrich Hofmeister Musikverlag GmbH, Leipzig

nicht, wenn es einmal rote Schuhe gab, dass die auch an meine kleinen Füße passten.

Meine Mutti schaffte es aber, mir ein paar rote Schuhe zu besorgen. Zum Pioniergeburtstag wollte ich natürlich meine schicken Schuhe tragen. Stolz fragte ich Frau Häse: „Darf ich meine neuen roten Schuhe zum Pioniergeburtstag anziehen?"

„Nein, du brauchst schwarze, denn ihr sollt alle gleich aussehen."

Ich verstand das nicht. Konnte man nicht auch mit roten Schuhen schön singen? Bedrückt bummelte ich nach Hause. Warum durfte ich keine roten Schuhe tragen und warum sollten wir alle gleich aussehen? Nur Zwillinge sehen gleich aus, und soweit ich das überblicken konnte, war ich in der Schule mit niemandem verwandt. Ich hatte eine Schwester und die war noch klein.

Der „große Tag" rückte immer näher heran und ich war ungeheuer aufgeregt. Um Jungpioniere zu werden, mussten wir den Pioniergruß kennen und die Pioniergebote aufsagen können. Der Gruß der Pioniere war einfach. Ein Erwachsener sagte: „Für Frieden und Sozialismus, seid bereit!" Wir sollten unsere Hand auf den Mittelscheitel legen und sagen: „Immer bereit." Schwieriger war es, sich die zehn Pioniergebote zu merken. Die konnte man leicht durcheinanderbringen. Ich hatte natürlich die Gebote fleißig geübt.

Endlich war es so weit. Aufgeregt hüpfte ich von einem Bein auf das andere. Doch oh Schreck, ich hatte vergessen, wie man das Pioniertuch bindet, denn es gab einen speziellen Knoten. Als ich meine Mutti um Hilfe bat, sagte sie nur genervt: „Ich habe keine Zeit für solchen Firlefanz! Viel wichtiger ist es, dass du eine Schleife binden kannst."

Kleinlaut erwiderte ich: „Mutti, ich kann doch schon eine Schleife binden!" Zugegeben, die Gebinde an meinen Füßen sahen wirklich abenteuerlich aus. Sie hielten meine Schuhe auch nicht wirklich zusammen, doch das hatte ja nichts mit dem Pionierknoten zu tun. Mit Tränen in den Augen trottete ich zur Schule. Ich konnte nur hoffen, dass Dora wusste, wie man das Halstuch band.

Am Abend war ich sehr erleichtert, denn Frau Häse hatte mir mein Halstuch gebunden und ich hatte mich beim Aufsagen der Gebote auch nicht versprochen. Ich war ein Jungpionier. Glücklich schlief ich ein.

Als Kind bemerkte ich das natürlich nicht. Wenn ich heute die Pioniergebote lese, frage ich mich, ob die Kommunisten sie bei den Christen abgeschrieben haben. Nicht nur die Anzahl der Gebote – es waren ebenfalls zehn Gebote – lässt mich heute stutzen. Das zweite Gebot „Wir Jungpioniere lieben unsere Eltern!" erinnert doch sehr an das biblische Gebot: „Du sollst Vater und Mutter ehren!" Auch das nächste Gebot: „Wir Jungpioniere lieben den Frieden", entspricht in meinen Augen der biblischen Aufforderung: „Du sollst nicht töten!"

Pionierversprechen der Jungpioniere

Ich verspreche, ein guter Jungpionier zu sein.
Ich will nach den Geboten der Jungpioniere handeln.

Ich zitiere aus den Geboten (Man beachte vor allem das vorletzte Gebot!):

Die Gebote der Jungpioniere

Wir Jungpioniere lieben unsere Deutsche Demokratische Republik.
Wir Jungpioniere lieben unsere Eltern.
Wir Jungpioniere lieben den Frieden.
Wir Jungpioniere halten Freundschaft mit den Kindern der Sowjetunion und aller Länder.
Wir Jungpioniere treiben Sport und halten unseren Körper sauber und gesund.
Wir Jungpioniere tragen mit Stolz unser blaues Halstuch.
Wir bereiten uns darauf vor, gute Thälmann-Pioniere zu werden.

5. Timurhelfer

Inzwischen ging ich in die zweite Klasse. Eines Tages herrschte große Aufregung in der Schule, denn an diesem Tag sollten die Friedensfahrer ganz nah an unserem Ort vorbeifahren. Bei der Friedensfahrt handelte es sich um ein Radrennen durch die DDR, die Tschechoslowakei und die Volksrepublik Polen. Sie wurde auch „Tour de France des Ostens" genannt und war ähnlich populär.

Aus diesem Anlass hatten wir früher Schulschluss. Gemeinsam mit unseren Eltern sollten wir am Straßenrand stehen und die Rennfahrer anfeuern. Frau Häse schenkte jedem von uns kleine DDR-Fahnen aus Papier, die wir schwingen sollten. Wir sollten klatschen und laut jubeln, wenn die Radfahrer an uns vorbeifuhren.

Meine Eltern waren nicht dafür bekannt, dass sie dazu neigten, sich an den Straßenrand zu stellen, Papierfähnchen zu schwingen und zu jubeln. Dabei war es unerheblich, ob der Papst, der Genosse Erich Honecker oder die Friedensfahrer vorbeikamen. Mein Vater arbeitete und meine Mutti verkündete: „Für solch einen Quatsch habe ich keine Zeit."

Fassungslos starrte ich sie an. Tränen kullerten mir über das Gesicht. Sollte ich etwa die Einzige meiner Klasse sein, die die Rennfahrer nicht sehen durfte? Und was würde Frau Häse morgen sagen? Ich war so unglücklich, dass meiner Mutti nichts anderes übrig blieb, als meine Schwester in den Sportwagen zu setzen und sich mit uns beiden auf den Weg zu machen.

Am Straßenrand standen wir zusammen mit Hunderten anderer Menschen und warteten auf unsere großen Helden. Das Warten erschien mir endlos. Ungeduldig zappelte ich hin und her. Endlich kamen sie. Die Radfahrer rasten in großem Tempo an uns vorbei. Ich konnte kaum einen Blick auf sie erhaschen. Dann war das große Spektakel auch schon zu Ende. Meine kleine Schwester schrie die ganze Zeit im Wagen, meine Mutti war völlig genervt und ich hatte kaum etwas gesehen.

In der Schule lernten wir auch, wie lebensnotwendig es sei, die Mauer zu haben. Sie beschützte uns vor den „bösen Imperialisten" und den „Kapitalisten", die unsere Feinde waren, denn sie wollten unser Land zerstören. Ich hatte keine große Angst, denn ich lebte zwar sehr nahe an der Grenze, hatte aber zum Glück noch nie einen Imperialisten gesehen. Zudem war ich erheblich irritiert, denn von meinen Eltern und im Kindergottesdienst, den ich regelmäßig besuchte, lernte ich, dass man Frieden mit allen Menschen halten und seine Feinde lieben sollte. Doch abgesehen davon verbrachten Kathrin und ich viele unbeschwerte und glückliche Tage am Stadtrand von Potsdam.

Ich war froh, als wir endlich alle Buchstaben gelernt hatten und ich selbst lesen konnte. Schon damals ging ich zweimal im Monat in die Bibliothek.

In der Schule lasen wir das Buch „Robinson Crusoe" von Daniel Defoe. Mir tat Robinson unendlich leid, weil er so allein auf einer Insel leben musste und kein Schiff vorbeikam. Ich war zutiefst erleichtert, als er endlich seinen Freund Freitag traf.

Wir lasen auch das Buch vom kleinen Trompeter und lernten im Chor das Lied von dem kleinen Helden.

Im „Lied vom kleinen Trompeter" heißt es:
Von all unsren Kameraden
war keiner so lieb und so gut
wie unser kleiner Trompeter,
ein lustiges Rotgardistenblut.

Wir saßen so fröhlich beisammen
nach einer so stürmischen Nacht.
Mit seinen Freiheitsliedern
hat er uns so glücklich gemacht.

Da kam eine feindliche Kugel
bei einem so fröhlichen Spiel;
mit einem so seligen Lächeln
unser kleiner Trompeter, er fiel.

Du bist nicht vergeblich gefallen,
dein Werk haben wir nun vollbracht.
Wir bauten den Staat, der uns allen
die Freiheit und den Frieden gebracht.
Lasst stolz unsern Ruf drum erschallen:
Es lebe die Arbeitermacht!

Text: Willy Wallroth

Ich hatte keine Ahnung, was ein „Rotgardist" war, aber ich fand das Buch und das Lied zutiefst traurig, weil ein kleiner Musiker umgebracht wurde.

Wir lasen auch das Kinderbuch „Timur und sein Trupp" von Arkadi Gaidar und lernten, dass wir wie Timur anderen Menschen in Notsituationen stets helfen sollten. Dass wir anderen helfen sollten, hatte ich ja auch schon von meinen Eltern und im Kindergottesdienst gelernt. Frau Häse erzählte uns, dass wir Solidarität mit Angela Davis üben sollten, einer US-amerikanischen Bürgerrechtlerin. Sie wurde in den 1970er-Jahren zur Symbolfigur der Bewegung für die Rechte von politischen Gefangenen. Die Frau war außergewöhnlich mutig. Ungerechterweise war sie wegen ihres Klassenkampfes im Gefängnis.

Wir sollten Altstoffe sammeln und das Geld für die Freilassung der „Patriotin" spenden. Ich verstand zwar nicht, wie wir mit Lumpen und alten Zeitungen eine Frau aus dem Gefängnis befreien konnten, aber ich war ein besonders braves Kind und folgte der Lehrerin, und wenn sie sagte: „Ihr müsst gute Timurhelfer sein", setzte ich natürlich alles daran, um diesen Auftrag bestens zu erfüllen.

Mit einem klapprigen Holzhandwagen zogen mein Klassenkamerad Heiko und ich los, um alte Flaschen, Gläser und Zeitungen zu sammeln. Die Bewohner unseres Ortes gaben mehr als reichlich. Ich bin mir heute aber nicht sicher, ob sie ein Herz für Angela Davis hatten oder einfach froh waren, ihren Schrott endlich loszuwerden. Nach kurzer Zeit war die alte Karre total überladen und wir Zweitklässler konnten sie kaum noch vorwärtsbewegen.

Plötzlich brach die Vorderachse, ein Teil unserer Fracht rutschte vom Wagen und zerschellte in tausend Scherben. Nichts ging mehr. Jetzt war alle Anstrengung umsonst und wir würden Angela Davis nicht helfen können. Ich heulte und hatte zu allem Überfluss nicht einmal ein Taschentuch bei mir. Dabei achtete meine Mutti immer sorgfältig darauf, dass ich nicht ohne Schnäuztuch das Haus verließ.

Vor Schreck hatte es auch Heiko die Sprache verschlagen.

Da standen wir nun und versperrten mit der wertvollen Fracht den Bürgersteig. Ein Mann sah unsere unglückliche Lage. Er half erst mir mit seinem Taschentuch und gab uns dann einen neuen Handwagen. Dieses Gefährt hatte Luftreifen wie mein Roller. Er half uns, alles umzuladen. Jetzt konnten wir ohne weitere Hindernisse „unsere Schätze" beim Altstoffhändler abgeben. Dort mussten wir wiederum lange warten, denn auch andere Schüler hatten fleißig gesammelt. Diese Aktion dauerte viele Stunden und es wurde schon dunkel, als wir nach Hause kamen. Doch unser Eifer wurde belohnt, Heiko und ich hatten die meisten Altstoffe gesammelt. Stolz überreichten wir am nächsten Tag unser gesamtes Geld unserer Lehrerin. Sie lobte uns besonders und schrieb unsere Namen an die Wandzeitung. Dort wurden alle „guten Taten" der Timurhelfer notiert.

In der Schule musste ich ab sofort neben Harald sitzen. Zum einen war unsere Lehrerin von der Quatscherei von Dora und mir genervt und zum anderen sollte jemand Harald helfen. Er war der schlechteste Schüler der Klasse. Harald vergaß immer wieder seine Hausaufgaben und die Dinge, die er im Unterricht brauchte. Ich war über meinen neuen Sitzplatz ziemlich unglücklich. Harald zog ständig an meinen inzwischen lang gewachsenen Zöpfen und klaute meinen guten Geha-Füller von Tante Erika aus dem Westen. Doch das Schlimmste war, dass er sich nur selten wusch und seine Zähne nicht putzte. Ich wollte ja wirklich gern ein fleißiger Jungpionier und Timurhelfer sein, aber konnte sich Harald nicht wenigstens jeden zweiten Tag gründlich waschen?

6. Der Stern

Als ich neun Jahre alt war, zogen meine Eltern mitten in meinem dritten Schuljahr nach Birkenwerder, in die Nähe von Berlin. Mein Vater arbeitete dort schon geraume Zeit als Bandagist in der orthopädischen Klinik. Er war monatelang nur am Wochenende zu Hause gewesen. Nun hatte er eine Wohnung für uns gefunden. Ich freute mich, dass mein Vati wieder bei uns sein würde, aber ich war auch sehr besorgt: Würde ich in der neuen Schule Freunde finden?

Wir wohnten in einem Zweifamilienhaus in der Friedensallee. Ich teilte mir mit Kathrin ein Zimmer. Zu dem Mietshaus gehörte ein großer Garten. Diesen durften wir jedoch nicht betreten, denn die Hausbesitzer hatten es uns verboten. Ich wurde in die Pestalozzi-Oberschule umgeschult. Meine Sorge, in der Schule keine Freunde zu finden, erwies sich zum Glück als unbegründet. Ich war „die Neue" und es war erst einmal recht spannend, mit mir zusammen zu sein.

Bereits nach kurzer Zeit freundete ich mich mit Frank aus meiner Klasse an. Er war der Sohn des Theaterintendanten und wurde später Dirigent eines berühmten Orchesters in Ostberlin. Doch davon ahnten wir damals noch nichts. Jeden Morgen, wenn ich Frank abholte, spielten sich im Haus meines Schulfreundes Dramen ab. Er war nie fertig angezogen, wenn ich kam, stand im Unterhemd und mit grünen, rutschenden Strumpfhosen in der Küche. Jeden Tag aufs Neue wollte er keine heiße Milch trinken und das Frühstück zog sich in die Länge. Obwohl uns Franks Vater täglich mit seinem Wartburg zur Schule fuhr, kamen wir regelmäßig zu spät. Für unser spätes Erscheinen bekamen wir jedoch wenig Ärger, denn der Sohn des Theaterintendanten galt schon damals als etwas Besonderes und ich profitierte davon. An meinem zehnten Geburtstag bekam ich von Frank meine erste rote Rose geschenkt. Das fand ich richtig toll.

Meine Schwester hatte sich zu Mamis Liebling und zu einer blöden Petze entwickelt. Das wollte ich mir auf keinen Fall gefallen lassen. Ich war natürlich verärgert und drohte Kathrin: „Wenn du mich noch einmal verpetzt, werde ich alle deine Süßigkeiten aufessen und ich werde dich nie mehr beschützen, wenn dich jemand ärgert." Ich weiß nicht, welche Drohung sie mehr erschreckte, auf alle Fälle verbesserte sich unser Verhältnis daraufhin deutlich.

Jeden Sonnabend fuhren wir nachmittags mit der S-Bahn zur Kinderstunde in die Landeskirchliche Gemeinschaft im Nachbarort. Darauf freute ich mich schon die ganze Woche.

Am Samstag vor dem vierten Advent fand dort alljährlich die Kinderweihnachtsfeier statt. Auf jedes Kind wartete ein kleines Geschenk. Doch um dieses Präsent zu bekommen, mussten wir ein Gedicht oder ein Lied, in dem ein Stern vorkommt, vortragen. Zu diesem Zeitpunkt fand ich das Aufsagen, zum Beispiel von Gedichten, einfach nur schrecklich. Allerdings wollte auch ich gerne ein Päckchen auspacken und mit nach Hause nehmen. Während ich noch darüber grübelte, welcher Beitrag am wenigsten unangenehm wäre, meldete sich Kathrin gleich als Erste. Artig ging sie nach vorn und trug ein in der Schule erlerntes Gedicht vor: „Der rote Stern, wie Lenin ihn trug".

Meine Schwester trug ein richtiges „rotes" Gedicht im Kindergottesdienst vor! Etwas Peinlicheres hätte ich mir kaum vorstellen können. Fassungslos starrte ich sie an. Während ich mir sehnlichst wünschte, dass der Erdboden sich öffnete und mich und Kathrin verschlucken würde, wischte sich die Leiterin der Kinderstunde die Lachtränen aus dem Gesicht.

Der Heimweg war für meine Schwester kein Zucker-schlecken. Ich beschimpfte sie heftig: „Bist du zu blöd zu verstehen, dass man im Kindergottesdienst kein Gedicht vom roten Stern aufsagt?" Kathrin hatte daraufhin nur wenig Freude an ihrem Geschenk und heulte die ganze Zeit. Zu Hause bekam ich dann auch gleich Ärger, weil ich die „arme Kleine" zum Weinen gebracht hatte. Ich fand das ungerecht, dass ich wegen Kathrins blödem Gedicht auch noch Ärger hatte.

7. Überraschung für
den Herrn Pfarrer

Für meine Eltern und viele andere Christen war die DDR-Zeit sehr schwierig. Sie waren hin- und hergerissen zwischen der Weltanschauung des Staates und ihrem Glauben. Sie wollten ihre Kinder zu gläubigen Christen erziehen und wünschten sich, dass sie einen guten Beruf erlernten. Sie wollten uns nicht mit ihrem Glauben die Zukunft verbauen, waren jedoch davon überzeugt, dass es das Beste für ihre Kinder war, an Gott zu glauben. Nach langem Hin und Her entschieden meine Eltern, dass ich in den Jugendverband FDJ, die „Freie Deutsche Jugend", eintreten und an der Jugendweihe teilnehmen sollte. Die „Freie Deutsche Jugend" war dabei genauso „frei", wie die DDR „demokratisch" war. Zusätzlich wurde ich auch zur Konfirmation angemeldet.

Diese Entscheidungen brachten mich des Öfteren in Schwierigkeiten. Immer häufiger empfand ich die Diskrepanzen zwischen dem, was ich im Unterricht lernte, und dem, was mir zu Hause und im Gottesdienst vermittelt wurde. Ich wusste nicht mehr, was ich denken sollte, fühlte mich entwurzelt und hilflos. In der Schule wurde ich belächelt, weil ich zur Kirche ging, denn das war doch nur etwas für alte Leute. In der Gemeinde hatte man wiederum kein Verständnis dafür, dass meine Eltern mich zur Jugendweihe angemeldet hatten.

Was für eine verkorkste Situation! Am liebsten wäre ich

weggelaufen. Leider wusste ich nicht, wohin ich hätte laufen sollen, und so hielt ich den Spagat aus.

Vor der Jugendweihe hatten wir FDJ-Nachmittage. Dort sollten wir auf die Gelübde der Jugendweihe vorbereitet werden. Bei diesen Treffen bestand nicht nur eine Anwesenheitspflicht, sondern auch die Pflicht, das blaue Hemd der Organisation zu tragen. Es kam, wie es kommen musste: Eines Tages hatte ich gleich im Anschluss an einen FDJ-Nachmittag Konfirmandenunterricht. Mir blieb keine Zeit, um mit dem Fahrrad nach Hause zu fahren und mich dort umzuziehen. Doch in dem Blauhemd konnte ich auf keinen Fall zum „Konfi" gehen. In der Schule mochte ich mich auch nicht umziehen und damit demonstrieren, wie peinlich mir das blaue Kleidungsstück war.

So lief ich ins Pfarrhaus und wollte dort in der Toilette die Kleidung wechseln. Zu allem Unglück vergaß ich in meiner Eile, die Tür abzuschließen. Der Herr Pfarrer verspürte zum gleichen Zeitpunkt ein menschliches Bedürfnis und suchte das stille Örtchen auf. Er öffnete die Tür und ich stand nur mit BH und Hose bekleidet vor ihm. In der Hand hielt ich das schreckliche blaue Hemd.

Mir schoss die Röte ins Gesicht. Die Gesichtsfarbe des Herrn im schwarzen Talar wechselte von kreidebleich zu der Farbe einer überreifen Tomate. Wir starrten uns an. Keiner von uns beiden brachte ein Wort hervor. Ich fand als Erste meine Sprache wieder und versuchte, die Situation zu retten, indem ich stammelte: „Oh, ich wollte mich nur kurz umziehen. Ich habe wohl vergessen abzuschließen." Der Herr Pfarrer sagte noch immer keinen Ton. Heute könnte ich mich ausschütten vor Lachen, doch ich fürchte, der Pastor fand das Ganze damals überhaupt nicht komisch.

8. Ein unvergesslicher Tag

Zu unserer Verwandtschaft zählten sowohl Christen als auch Kommunisten. Oft versuchten die einen, die anderen von ihrer Weltanschauung zu überzeugen. Bei großen Familientreffen war der Stress somit programmiert. Aus diesem Grund wurde häufig nur entweder mit den „frommen" oder den „roten" Familienmitgliedern gefeiert. Meine Jugendweihe fand zwar gemeinsam mit meinen Klassenkameraden statt, wurde aber mit meiner Verwandtschaft überhaupt nicht gefeiert.

Auf meine Konfirmation hatte ich mich schon lange gefreut. In unserem gesamten Jahrgang wurden damals nur sechs Mädchen konfirmiert. Für dieses Ereignis galt es wieder, einige Hindernisse zu überwinden. Zuerst musste natürlich festliche Kleidung besorgt werden. Meine Mutti kaufte einen schönen Stoff. Er war schwarz und mit kleinen weißen Blumen bedruckt. Sie ließ bei einer Schneiderin einen Rock und ein Bolerojäckchen nähen. Wesentlich schwieriger gestaltete sich mal wieder der Schuhkauf. Endlich war auch dieses Problem zu meiner Zufriedenheit gelöst. Die hohen Sandaletten waren wirklich schick. Leider hatte ich keine Ahnung, wie ich auf diesen Schuhen den Weg durch die ganze Kirche bis zum Altar schaffen sollte, aber das würde schon irgendwie gehen.

Zu meiner Konfirmation erschienen alle unsere Verwandten. Ich bekam viele Geschenke. Die meisten meiner Präsente sollten für meine spätere Aussteuer sein. Also bekam ich eine Unmenge an Handtüchern und Bettwäsche sowie Tischdecken. Ich möchte ja nicht undankbar erscheinen, aber mit fünfzehn Jahren hielt sich meine Freude über „Dinge für die Aussteuer" in Grenzen. Das Geschenk meiner Eltern erfreute mich jedoch sehr. Ich bekam einen Sonett 77 Kassettenrekorder. Diesen hatte ich mir schon lange gewünscht. Es war damals ein teures und für mich sehr kostbares Gerät. Endlich konnte ich meine Musik aufnehmen und immer wieder abspielen! Ich hörte damals ausschließlich Westmusik, denn mit den Puhdys, Karat und den anderen „Ossiegruppen" konnte ich nicht viel anfangen. Ich liebte damals ABBA, Smokie und Peter Maffay und hörte deren Songs rauf und runter. Allerdings besaß der Rekorder kein Radio und man musste mühsam mit dem Überspielkabel seine Lieblingssongs aufnehmen. Bei der Aufnahme traute man sich kaum zu atmen, denn sämtliche Nebengeräusche waren sonst später auf der Kassette zuhören.

Der Tag selbst verlief jedoch recht unspektakulär und ist mir kaum im Gedächtnis geblieben.

In besonderer Erinnerung dagegen ist mir die Jugendweihe meiner kleinen Cousine Antje geblieben. Ihre Familie war nicht gläubig, aber auch nicht so systemtreu wie die Familie meines anderen Onkels.

Das Fest sollte ganz groß gefeiert werden. Zu diesem Anlass hatte man mit zehn anderen Familien eine Gaststätte gemietet. Im Restaurant saßen etwa zweihundert Leute. Um das Fest interessant zu gestalten, wurde auch ein Zauberer engagiert. Ich hasste Zaubern abgrundtief! Meine „Begeisterung" für diese Aktion stand mir wohl ins Gesicht geschrieben. Ehe ich mich versah, wurde ich ausgewählt, bei der Vorführung zu assistieren. Während ich mich sorgte, ob der große Magier mich in den nächsten Minuten zersägen würde – man weiß ja nie –, genoss das Publikum die Show. Jeder war erleichtert, dass er sich nicht selbst „zum Horst" machen musste. Ich wurde zwar nicht zersägt, doch traten meine schlimmsten Befürchtungen ein. Der Auftritt des Zauberers und mein eigener waren einfach nur peinlich. Ich wünschte mir aus tiefstem Herzen, an einem anderen Ort zu sein. Mein Wunsch erfüllte sich jedoch nicht.

Irgendwann hatte auch dieser für mich nur in Maßen spaßige Kulturbeitrag ein Ende. Der schleimige, wohlbeleibte Zauberkünstler verabschiedete sich von mir. Ich durfte mir zum Dank einen Preis aussuchen und konnte zwischen drei Preisen wählen. Völlig genervt entschied ich mich für Preis Nummer drei, einen kleinen Plastiktrabbi. Der Künstler meinte zu mir: „Das ist aber schade, dass du dich nicht für den ersten Preis entschieden hast, das wäre nämlich ein Kuss von mir gewesen." Ich war kurz davor, meine Fassung zu verlieren, riss ihm das Auto aus der Hand und verschwand im Publikum.

Doch der Tag war noch lange nicht zu Ende. Ich half beim Transport der Torten aus der Küche. An dem Tag trug ich hohe Sandaletten und war etwas wacklig auf den Beinen. Beim Transport der Torte kam ich ins Rutschen. Ich konnte mich gerade noch so abfangen, dass ich nicht stürzte. Hinter mir lief jedoch Antje. Sie hielt nicht nur ebenfalls eine Torte in der Hand, sie trug auch das erste Mal in ihrem Leben Pumps. Plötzlich stolperte sie und landete mit ihrem Gesicht frontal in der Cremetorte. Als sie aufblickte, war ihr fassungsloses Gesicht mit Sahnecreme verziert. Ich dachte, so etwas passiert nur im Fernsehen bei „Dick und Doof". Ich hätte mir nicht träumen lassen, dass ich das einmal live miterleben würde. Die Tortenträgerin war sich noch immer unschlüssig, ob sie lachen oder weinen sollte, aber ich bog mich vor Lachen. Noch in der Nacht liefen mir die Lachtränen übers Gesicht.

9. Außenseiterin

Mitten im Schuljahr der neunten Klasse musste ich schon wieder die Schule wechseln. Unsere Familie bezog eine größere und vor allem modernere Wohnung in Oranienburg. Sie befand sich in einem Neubaugebiet in der Ernst-Thälmann-Straße. Endlich hatte ich ein eigenes Zimmer.

Zu meinen neuen Mitschülern zählten zwanzig Mädchen und acht Jungen. Sie waren reichlich enttäuscht, weil noch ein weibliches Wesen dazukam.

Ich musste mich nicht nur an achtundzwanzig neue Schüler, sondern auch an unbekannte Lehrer und an eine fremde Stadt gewöhnen und sehnte mich nach der alten Klasse und meinen Freundinnen in Birkenwerder. Meine Mitschüler sprachen mich nicht mit meinem Vornamen an, sondern nannten mich „Sackgesicht". Ich fühlte mich nicht nur total allein, sondern auch abgrundtief hässlich. Nachts weinte ich mich in den Schlaf. Als ich bei der Klassenlehrerin Rat suchte, erklärte sie mir: „Deine Klassenkameraden sind sehr nett, und wenn du dich nicht in das Kollektiv eingewöhnen kannst, liegt es an dir."

Ich sehnte mich danach, attraktiv und anerkannt zu sein. Ich wollte einfach dazugehören. Wie bisher, galt ich auch hier als unsportlich und wurde noch immer als Letzte in eine Mannschaft gewählt bzw. einer Mannschaft zugeteilt. Ich hatte es aber inzwischen zu einem Sportabzeichen in Bronze gebracht. Doch bis heute ist mir nicht klar, ob das blöde Sportabzeichen auch meinen Leistungen entsprach oder ob die Lehrerin bei der Bewertung sehr wohlwollend oder blind war. Ich vermute jedoch, es war im Fünfjahresplan der SED nicht vorgesehen, dass jemand unsportlich war und das Abzeichen nicht schaffte. Die DDR war schließlich bekannt für ihre Sportelite.

Besondere Schwierigkeiten hatte ich im Staatsbürgerkundeunterricht. Dass meine Eltern gläubige Christen waren, war Lehrer Krützmann ein Dorn im Auge. Immer wieder wollte er mich provozieren und fragte bei aktuellen politischen Anlässen: „Was sagt denn unsere ‚Christenfrau‘ dazu?“ Ich konnte es kaum noch ertragen. Warum ließ er mich nicht einfach in Ruhe?

Die Lage spitzte sich noch zu, als ich das Abzeichen der Friedensbewegung – Frieden schaffen ohne Waffen, Schwerter zu Pflugscharen – auf meinen Parka nähte.

Auf dem Aufnäher sah man eine Skulptur von einem Mann, der Schwerter in Pflugscharen verwandelt. Zudem stand ein Hinweis zu dem Zitat aus der Bibel aus dem Propheten Micha auf dem Stück Stoff.

„Schwerter zu Pflugscharen“ wurde Anfang der 1980er-Jahre zum Symbol der kirchlichen Friedensbewegung in der DDR und bald in ganz Deutschland.

Als Herr Krützmann meinen Aufnäher sah, stieg ihm die Zornesröte ins Gesicht und er schrie: „Conny, entferne auf der Stelle das imperialistische Propagandamaterial von deinem Kleidungsstück!“

Jeder Versuch von mir, ihm zu erklären, dass die Skulptur auf dem Aufnäher von dem sowjetischen Künstler Jewgeni Wiktorowitsch Wutschetitsch geschaffen wurde, war zum Scheitern verurteilt. Bei dieser Bronzeskulptur handelte es sich um die künstlerische Darstellung eines Teilzitates aus dem Alten Testament. Die Sowjetunion schenkte sie der

UNO. Dort steht sie im Garten des UNO-Hauptgebäudes in New York.

Wenn die Situation nicht so bitterernst gewesen wäre, hätte ich mich totlachen können. Mir blieb nichts anderes übrig, als meinen Aufnäher wieder zu entfernen. Mit breitem Grinsen im Gesicht kehrte ich nach Hause zurück, denn offensichtlich war es mir gelungen, den Lehrer zu provozieren.

In der Schule wurden wir aufgefordert, uns für die Tanzschule anzumelden. Als ich meine Eltern bat, mich auf der Liste einzutragen, gab es Stress. „Es gibt wesentlich Wichtigeres im Leben, als tanzen zu lernen. Wir können auch nicht tanzen und du weißt, was Oma dazu sagt." Sie zitierten meine strenggläubige Großmutter: „Ein Bein, das sich zum Tanz bewegt, wird im Himmel abgesägt!" Ende der Diskussion. Ein Besuch der Tanzschule wurde mir untersagt.

Empörung, Wut und Trauer breiteten sich in mir aus. Ich wollte ja gerne in den Himmel kommen, wenn möglich auch mit allen Gliedmaßen, aber der Tanzkurs war mir auch sehr wichtig! Wieder einmal war ich eine Außenseiterin.

10. Neue Freunde

Am Anfang des zehnten Schuljahres verbesserte sich endlich meine Situation. In der Schule war es zwar nach wie vor schrecklich, aber außerhalb der verhassten Bildungsstätte passierten angenehme Veränderungen. Jonny, ein Bekannter, lud mich in seine Gemeinde, die Baptistengemeinde, ein. Am Anfang war ich äußerst skeptisch gegenüber dieser Glaubensgemeinschaft. Handelte es sich dabei womöglich um eine Sekte? Ich kannte weder jene Gemeinde noch irgendjemanden, der dort hinging. Doch Jonathan war wahrhaftig hartnäckig. Immer wieder lud er mich zur Jugendstunde ein und verkündete: „Ich bin mir sicher, dass es dir dort gefallen wird." Woher, bitteschön, wollte denn Jonny wissen, was mir gefiel?

Weil ich endlich meine Ruhe haben wollte, ging ich eines Sonntagabends mit ihm zu dem Treffen. Innerlich gewappnet sagte ich mir: Sollte es dort auf die eine oder andere Weise merkwürdig sein, verschwinde ich sofort.

Mit ebendiesem Gedanken und äußerst kritisch setzte ich mich in die letzte Reihe. Zunächst war ich positiv überrascht über die zahlreichen Besucher des Jugendgottesdienstes. In entspannter und herzlicher Atmosphäre hatten sich mindestens dreißig Jugendliche versammelt. Es wurden viele Lieder gesungen, die ich nicht kannte. Doch sie gefielen mir wirklich gut. Nach einer kurzen Predigt des Jugendleiters unterhielt man sich in kleinen Grüppchen. Dazu gab es Getränke und Schmalzbrote. Auf eine angenehme Art gehörte ich gleich mit zu der Truppe, wurde persönlich begrüßt und ein bisschen ausgefragt. Ich konnte es kaum fassen – diesen Jugendlichen schien ich wirklich wichtig zu sein. So einen schönen Abend hatte ich schon lange nicht mehr erlebt.

Ich erzählte ein wenig von mir. „Wir sind vor einigen Monaten in diese Stadt gezogen und ich besuche die Pablo-Neruda-Oberschule. Ich kenne jedoch noch kaum Leute hier." Anne, eine der Jugendlichen, lächelte mich an und sagte: „Ich besuche die Nachbarschule. Wollen wir uns in der Hofpause treffen? Wir teilen uns doch mit deiner Schule den Pausenhof."

Dies war der Beginn einer langen Freundschaft. Von diesem Moment an trafen wir uns in jeder Pause. Auch nach dem Unterricht unternahmen wir viel.

Ich freute mich die gesamte Woche auf den Sonntagabend, auf die Jugendstunde, und fühlte mich endlich nicht mehr so einsam.

Häufig schwänzte ich den Astronomieunterricht und traf mich in der Zeit heimlich mit Anne. Sie versäumte ihrerseits regelmäßig den bei ihr ebenso verhassten Sportunterricht. Meistens verbrachten wir die Zeit bei uns zu Hause, tranken kalten Kakao und redeten endlos über die Dinge, die uns bewegten. Diese Zeit genoss ich gleich doppelt. Zum einen hatte ich endlich eine Freundin gefunden und zum anderen konnte ich so der verhassten Schule entfliehen.

Noch heute bin ich erstaunt, dass offenbar mein Fernbleiben niemandem auffiel und der Lehrer nicht bemerkte, dass ich während des gesamten Schuljahres nur zwei Schulnoten in jenem Fach bekommen hatte. Heute könnte ich in Astronomie nur die Sonnen- und die Mondfinsternis erklären und den Großen Wagen am Firmament finden. Diese angebliche Bildungslücke beeinträchtigte mich in meinem Leben allerdings wenig.

Kurze Zeit später wurde ich auch Mitglied des Jugendchores dieser Gemeinde. Jonny, der mich zum Besuch der Jugendstunde überredet hatte, leitete den Chor. Eines unserer Lieblingslieder zu der Zeit war das Lied „Der Gammler". Ein Jugendlicher der Gemeinde hatte eine Platte und die Noten von Westverwandten besorgen können.

In dem Lied heißt es:

Man sagt, er war ein Gammler,
er zog durch das ganze Land,
raue Männer im Gefolge,
die er auf der Straße fand.
Niemand wusste, wo er herkam,
was er wollte, was er tat.
Doch man sagte: Wer so redet,
ist gefährlich für den Staat!

Man sagt, er war ein Dichter,
seine Worte hatten Stil.
Wer ihn hörte, schwieg betroffen,
und ein Sturm war plötzlich still.
Seine Bilder und Vergleiche
waren schwierig zu verstehn,
doch die Leute saßen stundenlang,
ihn zu hören und zu sehn ...

Man sagt, er war Politiker,
der rief: Ich mach euch frei!

Und die Masse wollte gern,
dass er ihr neuer König sei.
Er sprach laut von Korruption
und wies auf Unrecht offen hin,
doch man hasste seinen Einfluss –
und so kreuzigten sie ihn …

Musik & Text: Larry Norman,
Text deutsch: Andreas Malessa[*]

Es gab keinen Sonntag, an dem dieses Lied nicht gesungen wurde. Wir identifizierten uns mit diesem Song.

Seit ich zu dieser Jugendgruppe gehörte, ging es mir richtig gut. Mit meinen Freunden aus der Gemeinde verbrachte ich eine geniale Zeit. Es gab viele Partys, Mopedtouren und viel zu lachen.

_____

[*] Glenwood Music Corp., mit freundl. Genehmigung der EMI Music Publishing Germany GmbH

11. Henry

Im Jugendkreis trafen sich erstklassige Leute. Einer der Jugendlichen gefiel mir jedoch besonders: Henry, der Sohn des Pastors der Gemeinde. Er wirkte so stark, so lieb und strahlte gleichzeitig eine wohltuende Ruhe aus. Wie gerne wollte ich ihn besser kennenlernen! Ungünstigerweise ließ sich der Mann meiner Träume nicht einmal auf ein Gespräch mit mir ein. Ja, er nahm kaum Notiz von mir.

An eine Verabredung mit ihm war nicht zu denken. Jeder Versuch, sich mit Henry zu treffen, schien von vornherein zum Scheitern verurteilt zu sein. Unglücklich schwärmte ich Anne die Ohren voll. Wenn ich nur an seine wunderschönen rehbraunen Augen dachte, durchrieselte ein wohliges Kribbeln meinen Körper. Wenn ich ihn doch endlich einmal allein treffen könnte!

Auch Anne hatte sich verknallt und träumte ihrerseits von Carsten. Der gehörte auch zu unserer Clique, einer Gruppe Gleichgesinnter aus dem Jugendkreis. Unsere Gespräche drehten sich pausenlos um dieses scheinbar so hoffnungslose Thema.

An einem trüben Tag im November erzählte Anne: „Ich glaube, ich weiß, warum Henry sich nicht um dich kümmert. Er glaubt, du bist erst vierzehn Jahre alt." Er war zu diesem Zeitpunkt achtzehn und fand mich, laut Annes Aussage, ziemlich süß. Er wollte sich aber nicht mit einer Vierzehnjährigen einlassen. Ich sah noch immer sehr jung aus und war voller flippiger Ideen.

Anne erklärte ihm dann, dass ich schon sechzehn Jahre

alt sei. Sie erzählte: „Du, stell dir vor, Henry hatte leuchtende Augen, als ich ihm dein wahres Alter verriet." Das klang zwar hoffnungsvoll, aber ich hatte noch immer keine Verabredung mit ihm.

Fieberhaft suchten wir nach Möglichkeiten, die beiden Herren zu einem Treffen mit uns zu bewegen. Anne hatte die Idee, dass wir gemeinsam zum Alexanderplatz nach Berlin fahren könnten. Dort war jedes Jahr im Dezember ein festlicher Weihnachtsmarkt aufgebaut. In der Theorie klang das ja nach einem fantastischen Plan, aber was sollte ich tun, wenn Henry sich nicht mit uns treffen wollte? Anne tröstete mich: „Das wird schon klappen! Ich glaube, er mag dich wirklich gern."

Ein paar Tage später rannte Anne mir strahlend entgegen. Außer Atem rief sie mir zu: „Ich habe alles geregelt. Wir treffen uns zu viert am 9. Dezember um 17 Uhr am S-Bahnhof und fahren dann zum Weihnachtsmarkt."

Ungläubig starrte ich sie an. Dann fiel ich ihr freudig um den Hals. In wenigen Tagen würde ich ein Date mit Henry haben. Ich zählte die Stunden bis zu unserem Treffen und konnte mich kaum noch auf etwas anderes konzentrieren.

Endlich kam der lang ersehnte Tag und ich stand natürlich überpünktlich am Bahnsteig. Zu meinem Erstaunen erschien nur Henry. Er sah unverschämt gut aus. Mein Herz raste. Ungeduldig wartete ich auf Anne. Wo steckte sie nur? Und wo war Carsten? Es gab damals noch keine Handys. Selbst einen Festnetzanschluss hatten nur wenige Menschen. Die glücklichen Telefonbesitzer waren meist privilegiert durch ihre Mitgliedschaft in der Partei.

Nach fünfzehn Minuten war klar: Die beiden würden nicht erscheinen. Mit bangem Herzen fragte ich mich, ob

Henry gleich wieder nach Hause gehen würde, und dachte: Oh Henry, bitte tu mir das nicht an!

Henry wollte aber auf keinen Fall nach Hause gehen, sondern lieber mit mir den vorweihnachtlichen Trubel in der City genießen.

Er wirkte auch nicht sonderlich überrascht darüber, dass die beiden anderen nicht zu unserem Treffpunkt gekommen waren, und stieg mit mir in die S-Bahn. Anne, was hast du dir nur wieder ausgedacht?

Nach spätestens fünf Minuten verschwendete ich keinerlei Gedanken mehr an sie und Carsten. Es gab so viel zu erzählen und so schöne, schweigende Momente. Henry bestätigte, was Anne mir vorher erzählt hatte. Er sagte: „Eigentlich fand ich dich schon eine ganze Zeit ziemlich toll, aber ich dachte, du wärst erst vierzehn Jahre alt und zu jung für mich. Ich bin froh, dass du sechzehn bist."

Ich war natürlich erst recht froh, dass sich dieses Thema endlich geklärt hatte.

Der Mann, in den ich mich verliebt hatte, saß in der S-Bahn nahe bei mir. Durch unsere Kleidung spürte ich die Wärme seiner Haut. Mir zitterten die Knie. Hoffentlich falle ich vor Aufregung nicht gleich in Ohnmacht, dachte ich.

An die Fahrgeschäfte auf dem vorweihnachtlichen Rummel habe ich nur nebulöse Erinnerungen. Intensiv erinnere ich mich jedoch an erst zaghafte und später leidenschaftliche Küsse. Seine Hände streichelten so sanft meinen Körper. Mein Herz raste. Ich dachte, ich würde fliegen. Immer wieder flüsterte er mir Liebkosungen ins Ohr. Solche Worte hatte ich noch nie gehört. Das alles erschien mir wie ein wunderschöner Traum. Ich wollte niemals mehr aufwachen.

Später nutzten wir jede Gelegenheit, um uns zu treffen. Meine Eltern waren nicht sehr erfreut über unsere Beziehung. Zum einen fanden sie, ich sollte mich lieber um meinen Schulabschluss kümmern, zum andern waren sie empört über die Küsse im Treppenhaus: „Was soll denn die Nachbarschaft denken?" Uns war es egal, was die Nachbarn dachten. Wir knutschten trotzdem.

Am zweiten Weihnachtstag war ich zu meinem ersten Besuch bei Henrys Eltern eingeladen. Seine Mutti hatte an diesem Tag Geburtstag. Ich kannte natürlich den Pastor der Gemeinde, hatte aber bisher nur wenig mit ihm persönlich zu tun gehabt. Mich quälte nur ein Gedanke: Hoffentlich blamiere ich mich nicht!

Sein Vater plauderte mit mir, seine Mutter hingegen war sehr zurückhaltend und wirkte auf mich verschlossen.

Beim gemeinsamen Abendessen bekam ich kaum einen Bissen herunter. Henry brachte mich nach Hause und ich stellte erleichtert fest, dass ich mich umsonst gesorgt hatte. Der Abend war ohne Peinlichkeiten verlaufen. Henrys Eltern waren freundlich zu mir gewesen und auch mit seiner Schwester Bettina hatte ich mich gut verstanden.

12. Zweifelhafte Politik

In der Schule hatte ich drei Hassfächer: Sport, PA und ESP.

Über meine sportlichen Begabungen habe ich ja schon berichtet. Ab der siebten Klasse wurde in der DDR das Fach „ESP" unterrichtet. Die Abkürzung stand für „Einführung in die Sozialistische Produktion". Das Fach wurde Ende der 1950er-Jahre im Zusammenhang mit anderen Veränderungen im Schulsystem der DDR eingeführt. Den Schülern sollte so der Zusammenhang zwischen Arbeitswelt und Schulalltag nähergebracht werden. Qualifizierte Arbeitskräfte würden auf diese Weise frühzeitig in die Produktion eingeführt.

Aus meiner Sicht gab es kaum etwas Langweiligeres als dieses Unterrichtsfach. Zu allem Überfluss war der Lehrer, der es unterrichtete, mindestens genauso ätzend wie sein Lehrstoff. Im zweiwöchigen Wechsel zum ESP-Unterricht fand „PA" statt – Produktionsarbeit in einem Betrieb. Wir standen mit den Arbeitern am Fließband und arbeiteten im Akkord. Schließlich musste der Fünfjahresvolkswirtschaftsplan mindestens 105,6-prozentig erfüllt werden.

In unserem vorbildlichen sozialistischen Land gab es natürlich, im Gegensatz zum kapitalistischen Ausland, keine Kinderarbeit. Und was taten wir an jedem zweiten Freitag in den Fabriken? Ich erinnere mich an die Montage von zusammenklappbaren Wäschetrocknern, an die Herstellung von Leuchtstoffröhren und an das Verpacken und Etikettieren verschiedener Medikamente im Pharmaziewerk in Oranienburg. Ich möchte nicht wissen, wie viele Millionen DDR-Mark durch diese Form von Schülerarbeit erwirtschaftet wurden. Da war es doch tröstlich zu wissen, dass wir in einem Land ohne Ausbeutung aufwuchsen!!! Die verhassten Tätigkeiten waren primitiv und die Gespräche, die die Arbeiter führten, alles andere als tief greifend.

Ich war mir sicher: Auf keinen Fall wollte ich bis zu meiner Rente am Fließband in einer Fabrik arbeiten, sondern am liebsten Biologie und Chemie studieren. Das Lernen fiel mir leicht und so bekam ich ohne große Mühe immer wieder ziemlich gute Noten. Ich wollte mein Abitur machen. Aufgrund der Tatsache, dass meine Eltern nicht in der Partei, sondern, wie es im Amtsdeutsch hieß, „kirchlich gebunden" waren, wurde mir ein Zugang zu einer weiterführenden Schule allerdings verwehrt.

In der DDR herrschte laut Gesetz Glaubensfreiheit. Nach einer schriftlichen Beschwerde erhielt ich die Möglichkeit, eine Berufsausbildung mit Abitur zu absolvieren. Man erwartete jedoch von mir, dass ich im Anschluss Metallogie studieren würde. Ich konnte mir kaum etwas Unspannenderes als die Lehre von Metall vorstellen und verzichtete daraufhin auf mein Abitur. Enttäuschung breitete sich in mir aus, auch wenn ich im Vorfeld schon mit einer Absage gerechnet hatte.

Ich bewarb mich an einer renommierten Berliner Klinik um einen Ausbildungsplatz zur Medizinisch-technischen Laborassistentin (MTA). Nach wenigen Wochen erhielt ich eine Zusage.

Die Tatsache, dass ich kein Abitur machen durfte, fand ich schon sehr ungerecht, doch was Henry bei seiner Bewerbung erlebte, war der Gipfel. Eigentlich neigte er nicht dazu, sich für die Schule abzurackern. Ihm fiel das Lernen unglaublich leicht und er hatte ohne großen Stress einen Notendurchschnitt von 1,0 erreicht. Sein großer Wunsch war es, Forstwirtschaft zu studieren. Doch als Pastorensohn durfte er weder das Abitur noch die Ausbildung zu einem Förster absolvieren. Um in diesem Beruf zu arbeiten, benötigte man eine Erlaubnis zum Jagen bzw. einen Waffenschein. Im Gespräch wurde ihm mitgeteilt: „Entweder Sie sagen sich von Ihrem Elternhaus los und treten in die Partei ein oder Sie erhalten niemals von uns eine Jagderlaubnis!" Zutiefst deprimiert verließ er den Gesprächsraum.

Henry und mich schweißte nicht nur eine tiefe Liebe zusammen, uns verband auch eine unbändige Wut auf diesen Staat und den real existierenden Sozialismus. Leider gab es keinen Handlungsspielraum für uns. Wir fühlten uns ohnmächtig und jener unverständlichen Willkür ausgeliefert.

Eines Tages sagte Henry: „Conny, wie ich diesen Staat hasse! Am liebsten würde ich in den Westen abhauen!"

Ich war total erschrocken und antwortete mit der Phrase, die mir als Erstes einfiel: „Was willst du denn bei den Kapitalisten? Im Westen ist es doch auch nicht besser. Da sind doch viele Menschen arbeitslos. Meinst du wirklich, dort geht es dir besser? Was willst du denn dort tun? Wovon willst du denn leben? Glaubst du wirklich, in der BRD kannst du den Sinn deines Lebens finden? Du kennst doch da überhaupt niemanden."

Henry schwieg.

Ich fuhr fort: „Ich will nicht in den Westen, denn alle Menschen, die ich liebe, leben hier." Seine Worte beschäftigten mich nicht nur sehr, sie erfüllten mich auch mit Angst. Ich konnte nur hoffen, dass Henry seine Worte niemals in die Tat umsetzen würde.

Er lernte den Beruf des Waldarbeiters bzw. eines Holzfällers. Diesen Hilfsberuf konnte man in der DDR mit dem Abschlusszeugnis der 8. Klasse absolvieren.

13. Prüfungen

Es begann die Zeit meiner Abschlussprüfungen in der Schule. In unserer Republik schrieben alle Schüler der zehnten Klasse am selben Tag ihre Prüfungen. Für alle gab es in der gesamten DDR auch die gleichen schriftlichen Prüfungsaufgaben. Nur die mündlichen Prüfungen wurden individuell geregelt.

Als Erstes stand die Deutschprüfung an. Später mussten wir noch eine schriftliche Prüfung in Mathematik, Russisch und einem naturwissenschaftlichen Fach ablegen. Bei Letzterem konnte man pro Jahrgang zwischen jeweils zwei Fächern wählen. Die Möglichkeit, Fächer abzuwählen, bestand nicht.

Bei unserer Deutschprüfung standen uns vier Themen zur Auswahl. Ich schrieb einen Aufsatz über das Buch „Nackt unter Wölfen" von Bruno Apitz. Darin geht es um die Rettung eines dreijährigen jüdischen Kindes, das in einem Koffer ins Konzentrationslager Buchenwald geschmuggelt und dort versteckt wurde. Seine Rettung wird dabei zu einem Symbol für die Menschlichkeit unter den bestialischen Lebensbedingungen in diesem KZ. Dieses Buch hatten wir in der Schule gelesen und der Inhalt hatte mich zutiefst bewegt.

Ich schrieb und schrieb. Unglücklicherweise reichte meine Zeit nicht aus, um meinen Aufsatz Korrektur zu lesen, und so hatten sich viele Orthografiefehler in meinen Text geschlichen.

Einige Zeit später bat mich mein Deutschlehrer, Herr

Krützmann, zu einem Gespräch. Es war der gleiche Lehrer, bei dem wir auch den verhassten Staatsbürgerkundeunterricht hatten. Er sah bedrückt aus und sagte: „Conny, du hast einen brillanten Aufsatz, den besten des gesamten Jahrgangs, geschrieben. Leider hast du so viele Fehler in der Rechtschreibung, dass ich dir nur eine Vier als Gesamtnote geben darf."

Ich hatte für meine mangelhafte Rechtschreibung eine saubere Fünf erhalten. Das war die schlechteste Note in der DDR. In den Prüfungsrichtlinien hieß es, man dürfe „als Gesamtnote nur eine Note besser erhalten als die schlechteste Teilnote der Prüfung".

Lehrer Krützmann sagte mir: „Conny, das tut mir in der Seele leid." Das half mir aber auch nicht weiter. Ich hatte eine Vier in der Deutschprüfung. Deutsch war mein Lieblingsfach. Ich konnte es nicht fassen.

Zu diesem Zeitpunkt hatte ich jedoch noch völlig andere Sorgen. Mein Vater war einige Wochen zuvor an Krebs erkrankt. Er war operiert worden und musste sich jetzt einer Strahlentherapie unterziehen. Es ging ihm durchweg schlecht und ich konnte den Anblick seines Leidens und seiner Schmerzen kaum ertragen. Ich war äußerst bedrückt und erzählte meinem Lehrer, was mich so beschäftigte.

Er war sehr teilnahmsvoll und sagte: „Conny, Sie brauchen sich wegen der misslungenen Deutschprüfung keine Sorgen zu machen. Ich werde Sie für die mündliche Deutschprüfung vorschlagen. Da können Sie die schlechte Note wieder ausgleichen."

Bei der Vorbereitung auf meine mündliche Deutschprüfung zeigte ich einen beträchtlichen Mut zur Lücke. Es wurden uns elf Themen für die Prüfung genannt und jeder durfte einen Wunsch äußern, zu welchem Thema man auf keinen Fall geprüft werden wollte. Statt auf alle zehn Prüfungsthemen bereitete ich mich genau auf zwei vor. Die Prüfung war mir zu diesem Zeitpunkt mehr als gleichgültig. Zum einen sorgte ich mich um meinen Vater, zum anderen wollte ich so viel Zeit wie möglich mit Henry verbringen.

Ich wurde dann wahrhaftig zu einem der zwei Themen, die ich gelernt hatte, befragt. Die Prüfung lief hervorragend. Das Prüfungsgremium einigte sich noch in meiner Anwesenheit auf eine 1,0 und die Deutschabschlussnote war gerettet. Meine anderen Prüfungen verliefen problemlos.

14. Quälende Entscheidung

Henry und ich waren eigentlich recht glücklich. Doch immer häufiger kam es zu Streitigkeiten. Meistens ging es um Kleinigkeiten oder um Henrys Eifersucht. Ich war siebzehn Jahre alt, voller Power und Lebensfreude. In der Gemeinde hatte ich Freunde gefunden und wollte natürlich auch einmal mit ihnen reden und herumalbern. Vor allen Dingen wollte ich auch mit Anne einen Teil meiner Zeit verbringen.

Henry hatte keine Lust auf Geselligkeit. Während unserer Beziehung bemerkte ich, dass Henry ein Einzelgänger war. Er hatte keinen Freund und vermisste auch keinen. Er wollte nur mit mir zusammen sein. Ich liebte Henry, aber das konnte er nicht glauben. Zuweilen hatte ich das Gefühl, er würde mich mit seiner Liebe und Eifersucht erdrücken.

Die bösartige Erkrankung meines Vaters machte Henry schwer zu schaffen. Er sagte immer wieder: „Conny, ich liebe dich sehr, aber ich kann einfach nicht mehr an einen Gott glauben, der Kriege, in denen unschuldige Kinder sterben, und so unheilbare Krankheiten wie Krebs zulässt. Ich habe so oft zu Gott gebetet, doch er scheint meine Gebete nicht zu erhören. Sieh dir doch nur an, wie dein Vater leidet. Wie soll ich da an einen liebenden Gott glauben, der angeblich der große Arzt ist und sogar Tote zum Leben erwecken kann?"

„Ich habe darauf auch keine Antwort. Du musst trotzdem auf Gott vertrauen, auch wenn wir die Dinge nicht

verstehen." Stundenlang saßen wir beisammen und redeten über die gleichen Themen. In der Gemeinde hörte ich
ständig, wie wichtig es wäre, dass der Partner ein gläubiger
Christ sei. Ich konnte mir eine dauerhafte Beziehung zu
einem Mann ohne Glauben damals nicht vorstellen. Ich
liebte Henry noch immer, konnte aber seine Eifersucht
und die Tatsache, dass er nicht mehr an Gott glaubte,
schließlich nicht mehr ertragen und beendete weinend unsere Beziehung.

In der Kirche hieß es: „Das ist eine richtige und vernünf-
tige Entscheidung." Die Leute in der Gemeinde hatten gut
reden. Es ging ja auch nicht um ihren Partner, den sie lieb-
ten. Möglicherweise war diese Entscheidung in den Augen
der anderen vernünftig. Ich fragte mich nur, warum sich
Vernunft so schmerzhaft anfühlte? Außer mit Kathrin,
meiner kleinen Schwester, konnte ich mit niemandem über
meine Tränen, meinen Schmerz und meine Sehnsüchte reden. Sie war erst zwölf Jahre alt, doch sie schien mich zu
verstehen.

Endlose Stunden lief ich allein durch die Stadt, zum einen, weil ich mich nicht mit dem Leid meines Vaters aus-
einandersetzen wollte, zum anderen, um Henry möglichst
nicht zu begegnen. Oranienburg ist jedoch eine verhältnismäßig kleine Stadt. Dort konnte man sich auf Dauer nicht
einfach aus dem Weg gehen. Immer wieder trafen Henry
und ich aufeinander, zerrissen von der Sehnsucht, in den
Armen des anderen zu versinken. Unsere Herzen blute-
ten.

15. Verschwunden

Henry und ich reisten getrennt in den Urlaub. Ich fuhr auf eine Jugendrüste, so hießen zu DDR-Zeiten die Freizeiten. Henry fuhr allein nach Ungarn, in das Land, das wir uns für unseren ersten gemeinsamen Urlaub ausgesucht hatten. An die Jugendfreizeit habe ich keine Erinnerungen, denn meine Gedanken weilten pausenlos bei Henry.

Als ich von meiner Reise zurückkehrte, hörte ich, dass Henry nicht aus Ungarn zurückgekommen war. Er wurde schon seit Tagen vermisst. Niemand hatte ein Lebenszeichen von ihm. Vor Sorge fand ich kaum Schlaf. Mir fielen seine Worte ein: „Am liebsten würde ich dieses Scheißland verlassen!" So hatte er in den letzten Wochen unseres Zusammenseins häufig gesprochen.

Ich behielt meine quälenden Gedanken für mich. Mit wem hätte ich auch darüber reden sollen? Immer wieder hatte ich von gescheiterten Fluchtversuchen gehört. Kaum einer, der aus der DDR fliehen wollte, hatte das überlebt. Sie wurden an der Grenze einfach erschossen. Ich hörte aufmerksam die Nachrichten im West- und Ostradio und las die Zeitung. Es gab keine Meldung, die auf einen gescheiterten Fluchtversuch hinwies. Henry, wo bist du?

16. Zivilverteidigung

Zu Beginn des zweiten Ausbildungsjahres musste ich mit meiner Fachschulklasse für eine Woche in ein Lager für Zivilverteidigung fahren. Ich hasste schon den Gedanken daran. An Schwänzen war nicht zu denken, denn ohne den Zettel, mit welchem einem die erfolgreiche Teilnahme an der Zivilausbildung bescheinigt wurde, bekam man keinen Fachschulabschluss. So fuhren zweitausend Frauen und fünf Männer für eine Woche in das Lager am Stadtrand von Berlin. Die meisten Schülerinnen absolvierten zu diesem Zeitpunkt ihre Ausbildung zur Kinderkrippenerzieherin (Kes). In der DDR war es normal, dass Frauen ebenso wie die Männer vierzig Stunden pro Woche arbeiteten. Zudem währte der Mutterschutz zu diesem Zeitpunkt nur ein Jahr. Dann mussten die Mütter wieder die sozialistische Volkswirtschaft stärken. Aus diesem Grund gab es überall Kinderkrippen und Kindergärten. Jedes Jahr wurden in Berlin etwa zweitausend Kes ausgebildet. Aus unserer medizinischen Fachschule waren achtzig zukünftige MTAs angereist.

Vor Ort wurden wir zugleich in Züge eingeteilt und bekamen unsere Uniformen und Stiefel. Ich war dem Zug 8 und der Gruppe 3 zugeteilt. Noch heute höre ich die keifende Stimme der Zugführerin über den Platz schreien. Seit dieser Stunde waren unsere Dozenten Zugführer. Wir mussten sie jedes Mal, wenn wir sie sahen, militärisch korrekt, eine Hand an der Hosennaht, die andere Hand am Käppi, grüßen und sie zum Beispiel mit „Genosse Zugführer Schmidt" anreden. Wenn es sein musste, zehnmal am Tag.

Der Ausbildungstag begann morgens um 6 Uhr mit einem Appell. Nach dem Wecken hatten dann alle genau drei Minuten Zeit, um sich komplett bekleidet auf dem Appellplatz in ihren Zug einzureihen. Wir wurden durchgezählt und unsere Kleidung wurde auf Vollständigkeit überprüft. Hatte ein Zugmitglied es nicht pünktlich zum Appell geschafft, wurde grundsätzlich der gesamte Zug bestraft.

Als häufigste Strafe galt die Verlängerung des Ausbildungstages. Dieser endete dann nicht um 20 Uhr, sondern um 22 Uhr. Nach dem Appell hatten alle fünfzehn Minuten Zeit zur „Körper- und Revierreinigung". Dies war kaum zu schaffen, denn in den Waschräumen mussten sich in der kurzen Zeit etwa fünfzig Frauen waschen. Duschen gab es nicht. Erst wenn der Zug wieder vollständig angetreten war, durfte man zum Frühstück marschieren. Für diese Mahlzeit wurden uns großzügig fünfzehn Minuten zugestanden. Kam man nicht unter den ersten zehn Zügen im Speiseraum an, konnte es sein, dass man kein Essen mehr erhielt.

Im Anschluss hatten wir verschiedene Ausbildungseinheiten zu absolvieren. Diese wurden nur durch die Mahlzeiten unterbrochen. Wir erhielten eine Erste-Hilfe-Ausbildung und lernten, wie Nuklearwaffen und Langstreckenraketen funktionierten.

Die Waffen des Warschauer Pakts, der NATO oder von sonst wem auf diesem Erdball waren mir äußerst gleichgültig. Meine Gedanken kreisten pausenlos nur um Henry und um die Gesundheit meines Vaters. In allen Unterrichtseinheiten mussten wir Tests schreiben. Wenn diese nicht zur Zufriedenheit der verantwortlichen Genossen ausfielen, wurde gleich wieder der gesamte Zug bestraft.

Wir lernten den Umgang mit Schutzanzug und Gasmaske und wie man sich ohne Kompass im Gelände zurechtfindet. Genutzt hat mir dieser Unterricht nichts, denn ich habe den Orientierungssinn eines Türpfostens und kann mich auch noch heute, selbst im vertrauten Terrain, gut verlaufen.

Während dieser Ausbildung mussten wir auch eine Sturmbahn überwinden und schießen lernen. „Ich bin Christ und werde auf keinen Fall schießen, weder auf eine Pappzielscheibe noch auf sonst irgendetwas", erklärte ich der verantwortlichen Ausbilderin.

Erstaunlicherweise wurde das akzeptiert und es gab weder für meinen Zug noch für mich irgendwelchen Ärger. Einige Dozenten fanden dieses Zivilverteidigungsevent, wie ich das heute nenne, auch äußerst fragwürdig, doch ihre Dozentenfunktion erforderte den Einsatz. Vermutlich hat Frau Meyer, meine Sport- und Russischlehrerin, einfach null Punkte auf meine Zielscheibe geschrieben, um sich und mir reichlich Ärger zu ersparen. Eine Schießverweigerung war offensichtlich in den Statuten für Zivilverteidigung nicht vorgesehen.

Auch später tolerierte diese Lehrerin mein häufiges Fernbleiben von den Sport- und Russischstunden nahezu völlig. Als ich mich an einem Samstag im Juni für mein Zuspätkommen entschuldigte, brach sie in schallendes Gelächter aus. Ich gab an, ich sei in einer Schneewehe stecken geblieben.

Die Nächte in unserem Lager waren grauenvoll. Oft lag ich stundenlang wach, wälzte mich auf meinem Doppelstockbett hin und her und weinte mich bei dem Gedanken an Henry in den Schlaf. Doch dieser Schlaf war nur von kurzer Dauer, denn so gut wie jede Nacht wurden wir mehrere Male durch Alarm aus den Betten gerissen. Unsere Vollzähligkeit wurde überprüft und wir sollten uns ins Gelände schleichen und vor dem Feind verstecken. Ich sah, wie meine Marxismus-Leninismus-Paukerin versuchte, sich einzulauben.

Maximales Unverständnis und namenlose Wut über die sinnlosen Störungen in der Nacht breiteten sich in mir aus. Sie zischte, ich solle mich gefälligst auch sofort unter einem Laubhaufen verstecken. Dabei hatte ich schon genug damit zu tun, mir bei diesem unfreiwilligen Geländespiel nicht den Hals zu brechen. Ich bemühte mich im Rahmen meiner Möglichkeiten, riss eine Tannennadel vom nächststehenden Nadelbaum und steckte diese an mein dämliches Käppi. Die im Laub liegende Zugführerin hätte mich am liebsten angebrüllt, aber auch für Zugführer galt es, absolut leise zu sein.

Niemand wusste, wo sich der imaginäre Klassenfeind aufhielt. Ich hatte so eine Ahnung. Ich war mir zu 107,8 Prozent sicher, dass alle gemeinen Imperialisten in ihren Betten lagen und friedlich schliefen. Beneidenswert! Unter Umständen hatten wir gar keinen Feind mehr und wussten es nur noch nicht. Vermutlich hatte der feindliche Aggressor uns bei unserem grotesken Manöver beobachtet und sich dabei totgelacht.

Endlich kam unser letzter Ausbildungstag. Es war der 8. September 1983, mein achtzehnter Geburtstag. Beim Morgenappell musste ich vor meinen Zug treten und etwa zweitausend Leute wurden gezwungen, für mich ein Geburtstagslied zu singen. Ich wäre vor lauter Peinlichkeit am liebsten im Erdboden versunken. Leider wollte sich nicht einmal eine gnädige Ohnmacht einstellen. Ich hatte nur drei Wünsche: Ich wollte einfach nur weg von hier; ich wollte wissen, ob es ein Lebenszeichen von Henry gab; und ich wollte endlich einmal wieder tief und fest schlafen.

17. Bedrückende Gewissheit

Als ich am Nachmittag endlich nach Hause kam, stand Henrys Mutter vor der Tür. In der Hand hielt sie einen Brief. Ihre Augen waren rot vom Weinen. Sie wusste nicht, dass ich an dem Tag Geburtstag hatte, und sagte: „Ich soll dir diesen Brief überreichen." Henry hatte den Umschlag vor seiner Ungarnreise versteckt und sich inzwischen bei seinen Eltern gemeldet.

Mit zittrigen Händen öffnete ich das Kuvert. „Wenn du diese Zeilen liest, bin ich tot oder im Westen. Ich kann in diesem Land nicht mehr existieren und ohne dich ist mein Leben leer und sinnlos." Tränen rollten haltlos über mein Gesicht. Henry lebte! Ihm war die Flucht von Ungarn nach Österreich gelungen. Er wohnte jetzt bei Verwandten in Bayern. Doch ich würde ihn wegen der Mauer niemals wiedersehen. Wie ein schwerer Steinklumpen lastete das Wissen auf meinem Herzen – niemals! Ich fühlte mich soooo schuldig. Dieses Schuldgefühl lastete über viele Jahre auf meiner Seele.

Am nächsten Tag bat mich Kuno, Henrys Vater, zu einer Unterredung. Es war ein langes pastorales Gespräch. Er war sehr mitfühlend und versuchte, mich zu trösten. Er machte mir keinerlei Vorwürfe und bewahrte mich vor einem Verhör bei der Staatssicherheit. Dafür werde ich ihm ewig dankbar sein. Kuno und seine Frau waren eine Woche lang immer wieder von der Stasi verhört worden.

Um zu meinem Ausbildungsplatz zu gelangen, fuhr ich täglich an der Berliner Mauer entlang. Jeden Tag aufs Neue spürte ich die Endgültigkeit von Henrys Entscheidung. Wenn ich doch nur die Zeit zurückdrehen könnte …

Ich liebte ihn noch immer. Warum hatte ich mich bloß von ihm getrennt? Hatte ich wahrhaftig alles getan, um unsere Beziehung zu retten? Die Gedanken drehten sich im Kreis und es gab niemanden, mit dem ich über meine Traurigkeit reden konnte.

Unsere Schule befand sich in der Friedrichstraße. Sie war das letzte Haus vor der Grenze. Wenn ich aus dem Klassenzimmerfenster blickte, sah ich die Menschen aus Westberlin. Sie schienen so nahe und gleichzeitig doch so fern. Wir sahen sie in ihren Wohnungen hin und her gehen. Riesige Tansparente prangten auf den Dächern. Es waren Bettlaken mit Aufschriften wie: „Dieses Haus ist besetzt!" So konnten wir indirekt etwas von der Hausbesetzerszene im nahen Westberlin miterleben. Meine Gedanken schweiften immer wieder in die Ferne, auf die andere Seite der Mauer, bis nach Bayern. Henry, wie geht es dir? Wie lebst du? Hast du eine Arbeit?

Es gab keine Möglichkeit, Kontakt zu ihm aufzunehmen, denn die Briefe wären von den Beamten der Staatssicherheit mitgelesen worden. Es bestand auch nicht die Möglichkeit, sich in der Tschechoslowakei oder in Ungarn zu treffen, denn Henry war auch in den sozialistischen Bruderländern zur Fahndung ausgeschrieben.

Man sagt: „Die Zeit heilt alle Wunden." Was für ein blödes Sprichwort! Ich fragte mich nur, warum die Gedanken an Henry so schmerzten. Hörte die Qual denn niemals auf?

18. Kurioses im real existierenden Sozialismus

Die Ausbildung an unserer Fachschule war verhältnismäßig effizient. Wir bekamen fundiertes chemisches und medizinisches Wissen vermittelt. Warum wir jedoch sechs Wochenstunden in Marxismus-Leninismus ausgebildet wurden, ist mir bis heute ein Rätsel.

Ich hatte mittlerweile ja schon fast zwanzig Jahre blühenden Sozialismus erlebt, doch noch immer gab es Dinge, die mich in fassungsloses Erstaunen versetzten. So gab es an unserer Schule eine äußerst fragwürdige Regelung: Jeder Schüler war verpflichtet, zwei Stunden pro Woche, in der Zeit zwischen 8 Uhr und 18 Uhr, Wachdienst zu schieben. Das bedeutete, wir mussten aufpassen, dass kein feindlicher Imperialist sich in die Schule schmuggelte und unser Schulsystem ausspionierte. Dazu saßen wir in dem bereits erwähnten blauen Hemd im Foyer des alten, kalten Schulgebäudes. Wir kontrollierten von unseren Klassenkameraden und auch von den Dozenten, die uns im Unterricht mit Vornamen ansprachen, jedes Mal ihre Studenten- bzw. ihre Personalausweise. Wenn es nicht so traurig gewesen wäre, hätte man sich allein über diese Aktion schieflachen können.

Zudem mussten wir uns dann auch noch den versäumten Unterrichtsstoff der medizinischen Fächer im Selbststudium erarbeiten. So machte sich bei jedem Wachdienst erneut leichter bis mittelschwerer Unmut in mir breit.

Während dieser todlangweiligen und zudem noch sinnlosen Wachzeit wünschte ich mir häufig, ein Klassenfeind würde einmal vorbeikommen. In den drei Jahren, in denen ich dort meine Zeit absaß, kam kein einziger feindlicher Agent vorbei. Allerdings gab es auch keine genaue Handlungsanweisung, wie wir uns verhalten sollten, für den Fall, dass der Aggressor unser marodes Schulgebäude betreten wollte. Zum einen war mir unklar, was der feindliche Saboteur an unserer Schule hätte stehlen oder zerstören wollen, zum anderen wusste ich auch nicht, wie ich mich im Ernstfall zu verhalten hatte. Sollte ich mich dem Staatsfeind todesmutig in den Weg werfen und ihn mit meiner Kugelschreibermine piksen, oder lieber zur Salzsäule erstarren und hoffen, dass der starke und übermächtige Feind mich in meinem leuchtend blauen Hemd nicht sah?

Ich hatte so meine Zweifel, was den Sinn des Wachdienstes anging. Man durfte zwar Zweifel haben, denn die Gedanken waren auch im Sozialismus frei, doch war es nicht besonders clever, diese auch laut zu äußern, wenn man keinen Ärger provozieren wollte.

In der Deutschen Demokratischen Republik war es offensichtlich außerordentlich wichtig, dass der Fünfjahresplan erfüllt wurde. Zudem musste auch immer das gesamte Klassenkollektiv bei allem hundertprozentig Mitglied sein. Ein ständiges Ärgernis war meine Weigerung, der „DSF", der „Gesellschaft für Deutsch-Sowjetische Freundschaft", beizutreten. Was für ein „Schaden" für mein Klassenkollektiv! Zu diesem Zeitpunkt war ich erwachsen und wollte mir zum einen meine Freunde selbst aussuchen, zum anderen konnte ich nicht verstehen, dass ich für eine Freundschaft auch noch Mitgliedsbeiträge bezahlen sollte.

Als ich einmal eine Aufgabe nicht mitbekommen hatte, fragte ich meine Nachbarin. Sie antwortete mir: „Das sage ich dir nur, wenn du der DSF beitrittst." So etwas Schwachsinniges hatte ich schon lange nicht mehr zu hören bekommen. Auf so etwas reagierte ich überhaupt nicht. Das wäre Energieverschwendung gewesen! Ich drehte mich einfach zu einer anderen Schülerin um und erfragte die anstehenden Aufgaben.

Für den Anatomieunterricht stand ein Skelett, „Knochenkalle", in unserem Klassenraum. Ohne über Konsequenzen nachzudenken, zog ich „Kalle" einmal das FDJ-Hemd an. Offensichtlich war ihm kalt, denn er hatte ja keinerlei Speck auf den Rippen. Ich vollendete mein Werk, indem ich dem Knochenmann auch noch eine Kippe in den Mund steckte.

Die Anatomielehrerin, Frau Sattkowski, war außer sich vor Wut und schrie: „Wer hat hier den Tod der Freien Deutschen Jugend darstellen wollen?"

Nun, so weit wollte ich gewiss nicht gehen. Ich hatte Kalle schließlich nur aus der Laune des Augenblicks heraus verkleidet. Das blaue Hemd war nur in diesem Moment das einzige Kleidungsstück, welches gerade herrenlos herumhing.

Sie schrie noch immer: „Ich werde den Unterricht erst fortsetzen, wenn sich derjenige, der das zu verantworten hat, gemeldet hat."

Zum Glück schwieg die Klasse. Das hätte wahrhaftig böse ausgehen können.

Zu diesem Zeitpunkt genoss ich es, unsere Lehrer, vor allem unseren ML-Lehrer Herrn Rembrandt, mit Fragen zu provozieren. Ich entfachte sinnlose Diskussionen, zum

Beispiel über die Frage, warum wir statt echter Zitrusfrüchte nur immer „Kubaorangen" zu kaufen bekamen. Ich konnte ja noch verstehen, dass wir mit den Menschen auf Kuba Solidarität üben sollten, ich wusste nur nicht, warum ich deshalb grüne Orangen essen sollte. Die waren nicht nur grün wie Gras, sondern schmeckten auch so. Ich bin doch kein Rindvieh. Außerdem war es schlicht und ergreifend eine Frechheit, diese Teile Orangen zu nennen. Darauf hatte der arme Herr Rembrandt natürlich auch keine befriedigenden Antworten.

Eines Tages herrschte eine massive Aufregung in meiner Klasse. Im Radiosender RIAS hatten wir gehört: „In ganz Berlin besteht Smogalarm." Die Grenzwerte waren deutlich überschritten. Es bestand vor allem für Schwangere und ältere Bürger Gefahr von Atemnot und Kreislaufproblemen. In Ostberlin war in den Medien nicht über einen Smogalarm berichtet worden.

Beunruhigt befragten wir unsere Dozenten zu diesem Sachverhalt. Wir hörten jedoch nur: „In der DDR gibt es natürlich keinen Smog." Ich war total wütend und zu dem Zeitpunkt auch rebellisch. Sarkastisch erklärte ich der Klasse: „Es ist ja klar, dass wir in Ostberlin keinen Smogalarm haben, denn wir haben ja zum Glück einen antifaschistischen Schutzwall." Meine Mitschüler brachen in gröhlendes Gelächter aus.

Herr Rembrandt fand das jedoch überhaupt nicht komisch. Ich flog aus dem Klassenzimmer und hatte ordentlich Ärger am Hals. Zwei Stunden lang musste ich mich bei dem Direktor für meine Äußerung rechtfertigen. Aber das war mir auch egal.

Das hätte mich fast meinen Ausbildungsplatz gekostet.

Nach diesem Vorfall begegneten der Lehrer und ich uns mit gegenseitigem Respekt und verlebten unsere Zeit in friedlicher Koexistenz. Ich stellte ihm keine provozierenden Fragen mehr und er ließ mich während des ML-Unterrichts einfach in Ruhe meine private Korrespondenz erledigen.

Ich hatte damals eine Fülle von Briefen zu beantworten. Zu DDR-Zeiten hatten die Männer im Alter von achtzehn bis sechsundzwanzig Jahren den Grundwehrdienst zu absolvieren. Eine Möglichkeit, den Grundwehrdienst zu verweigern, gab es nicht. Wer seinen Einsatz bei der NVA, der Nationalen Volksarmee, komplett verweigerte, landete im Gefängnis. Es gab jedoch die Möglichkeit, den Kriegsdienst mit der Waffe zu verweigern. Dabei handelte es sich aber nicht um einen zivilen Dienst in einer sozialen Einrichtung, sondern um einen Einsatz als Bausoldat in den Kasernen. Wenn man sich für einen Dienst als Bau- oder Spatensoldat entschied, hatte das oft nachteilige Auswirkungen auf Ausbildungs-, Studiums- und Aufstiegschancen.

Ich schrieb allen „Spatensoldaten" in meinem christlichen Freundes- und Bekanntenkreis. Sie waren für mich die wahren Helden des Sozialismus, denn sie hatten als Christen bei der Armee den Dienst mit der Waffe verweigert. Aus diesem Grund wurden sie von ihren Vorgesetzten endlos schikaniert. Sie wurden für achtzehn Monate am letzten Ende der Republik stationiert, oft fünfhundert Kilometer von ihrem Wohnort entfernt. Jonny, der als Bausoldat den Wehrersatzdienst leistete, durfte erst ein halbes Jahr, nachdem seine Tochter geboren wurde, nach Hause reisen. Nach hundertachtzig Tagen hielt er sie zum ersten Mal in den Armen. Diese Männer brauchten meine Unterstützung und freuten sich über Briefe aus der Heimat.

19. Unerwartete Begegnung

Nachdem ich meine Staatsexamensprüfung bestanden hatte, war ich weiter als MTA in dem Krankenhaus tätig, in dem ich meine Ausbildung absolviert hatte. Es war in der DDR normal, dass man nach Vollendung der Ausbildung an diesem Arbeitsplatz bis zur Rente arbeiten konnte. Angst vor Arbeitslosigkeit kannte man nicht.

In der Klinik, in der ich angestellt war, bekam ich noch eine Zusatzausbildung in Leukämiediagnostik. Das Mikroskopieren fand ich besonders interessant. Auch ambulante Blutentnahmen zählten zu meinen vielfältigen Tätigkeiten. Diese fanden im Wartezimmer unseres Labors statt.

Eines Tages war ich wieder für die Blutentnahme zuständig. Die Tür öffnete sich und ein Mann mittleren Alters trat herein. Sein Kopf war kahl geschoren und an der Stirn trug er Markierungen für eine Strahlentherapie. Offensichtlich hatte er einen Gehirntumor. Während ich weiter meiner Arbeit nachging, merkte ich, dass dieser Patient mich intensiv beobachtete.

Als er an der Reihe war, begrüßte er mich mit den Worten: „Hallo Conny, was machen Sie denn hier?"

Vor Schreck fiel mir fast das Gefäß mit der Desinfektionslösung aus der Hand. Wer war dieser Mann und woher kannte er meinen Vornamen? Auf irgendeine Weise kam er mir bekannt vor. Als ich seinen Untersuchungszettel las, fiel es mir wie Schuppen von den Augen. Es war Herr Krützmann, mein Deutsch- und Staatsbürgerkundelehrer aus Oranienburg.

Er schien sich über unsere Begegnung aufrichtig zu freuen: „Conny, letzte Woche wurde mir mein Gehirntumor entfernt, aber inzwischen geht es mir schon wieder rundum gut."

Ich schwieg betroffen, denn ich hatte bereits seit etlichen Jahren mit Leukämie- und Tumorpatienten zu tun. Ich wusste aus Erfahrung, dass niemand eine Woche nach seiner Hirntumorentfernung fröhlich durch die Gegend spazierte. Täglich hatte ich mit todkranken Menschen zu tun. Man darf in diesem Job nicht mit jedem Patienten mitleiden. Es macht jedoch einen bedeutenden Unterschied, wenn man eine der erkrankten Personen kennt. Auch wenn er mich im Staatsbürgerkundeunterricht häufig tyrannisiert hatte, wünschte ich ihm noch lange nicht so ein furchtbares Schicksal.

Diese unerwartete Begegnung bedrückte mich mehr, als ich geahnt hatte. Er war ein Christenhasser. In diesem Moment war er für mich jedoch nur ein krebskranker Mann. „Besuch ihn!", dachte ich und kaufte eine Schachtel Pralinen. Ich trat an sein Krankenbett.

Als mein ehemaliger Lehrer mich erblickte, glänzten seine Augen vor Tränen: „Conny, ich hätte nie gedacht, dass ausgerechnet Sie mich einmal im Krankenhaus besuchen würden. Ich freue mich wirklich über Ihren Besuch. Conny, manchmal passieren seltsame Dinge im Leben. Mein Bettnachbar ist Christ und er erzählt mir sehr viel von Jesus und von seinem Glauben. Ich habe über vieles nachgedacht und es tut mir aufrichtig leid, wie ich Sie im Staatsbürgerkundeunterricht behandelt habe."

Ich stand einfach nur da, unfähig, auf seine Worte zu reagieren. Sechs Monate später war er tot. Ich war nur froh, dass wir vor seinem Tod noch so eine positive Begegnung gehabt hatten.

Dies war jedoch nicht das einzige Erlebnis, das mich erheblich aus der Bahn warf.

20. Mein kleiner Freund Benny

Ich arbeitete noch immer als MTA im Krankenhaus. Wieder einmal war ich für die ambulante Blutentnahme in unserem Labor zuständig und saß an einem Tisch direkt im Wartebereich. Vor mir befanden sich diverse chemische Lösungen, verschiedene Pipetten, Impflanzetten und Pflaster. Ein kleiner Junge betrat an der Hand seiner Mutter den Raum. Sie grüßten freundlich. Ich schätzte, er war etwa zwei Jahre alt. In seinem Arm trug er eine große Plüschmaus. Die Maus war fast halb so groß wie er. Ich musste lächeln, denn er konnte die Maus kaum tragen.

Der Raum war überfüllt und so kam es zu Wartezeiten. Der Zwerg untersuchte neugierig seine Umgebung, krabbelte unter den Stuhl und kam immer näher. Liebevoll rief seine Mama ihn zurück. Doch er wollte unbedingt sehen, was da bei mir vor sich ging. Mit schelmischem Grinsen stand er an meiner Arbeitsfläche. Stolz präsentierte er mir sein Plüschtier. Abgelenkt von meiner eigentlichen Arbeit, fragte ich: „Hey du, wie heißt denn deine Maus?"

„Mausi."

„Oh, das ist aber ein schöner Name. Ist Mausi dein Freund?"

Er nickte mir zu und alle Erwachsenen im Warteraum hatten plötzlich ein Lächeln im Gesicht. Für einen Moment waren ihre eigenen Krankheitssorgen vergessen. Der pfiffige kleine Mann war einfach zu niedlich.

„Wie heißt du denn?", versuchte ich, mich weiter mit ihm zu unterhalten.

Ein zartes Stimmchen antwortete: „Benny."

Dann war er an der Reihe. Auf seinem Laborzettel las ich seine Diagnose: Verdacht auf Angina. Auch sein Geburtsdatum war auf dem Zettel vermerkt. Er war tatsächlich zwei Jahre alt. Benjamin saß auf dem Schoß seiner Mama und Mausi thronte auf seinen Knien.

Jetzt begann für mich der schwierige Teil, denn wie sollte ich einem Zweijährigen erklären, dass ich ihn gleich in seinen Finger stechen würde. „Ich muss dich einmal kurz in deinen Finger piksen. Das tut ein kleines bisschen weh. Wollen wir das bei Mausi einmal ausprobieren?" Lächelnd hielt er mir Mausis Pfote entgegen. Ich „nahm" bei dem Plüschtier „Blut ab" und erklärte jeden Handgriff. Fasziniert betrachtete der kleine Kerl das Geschehen. „Jetzt darfst du dir einen Finger aussuchen."

Mutig streckte er mir seine kleine Hand entgegen. Ich stach ihn in den Zeigefinger. Erschrocken riss er seine blauen Augen auf. „Mama, aua." Zwei dicke Tränen rollten ihm über die Wangen.

Ich versuchte, ihn zu trösten: „Du bist wirklich sehr tapfer." Dann schenkte ich ihm ein Pflaster, das ich mit einem Elefanten bemalt hatte. Schnell waren seine Tränen getrocknet und stolz hielt er den Finger mit dem bemalten Pflaster in die Höhe. Zum Abschied winkte er mir zu. Ich lächelte und winkte zurück. Der kleine blond gelockte Junge hatte schon nach so kurzer Zeit mein Herz erobert.

Inzwischen war es Mittag und ich saß am Mikroskop. Die eingefärbten Blutabstriche mussten untersucht werden.

Plötzlich schreckte ich zusammen. Im Blickfeld meines Mikroskops sah ich unzählige Zellen. Sie waren abnorm verändert. Betroffen dachte ich, oh nein, derjenige, zu dem dieses Blutbild gehört, hat Leukämie. Beunruhigt suchte ich den Namen des Patienten. Es war das Blutbild des kleinen Benny. Mein Herz krampfte sich zusammen. Bitte, lieber Gott, lass es nicht wahr sein! Er ist doch erst zwei Jahre alt.

Der Chefarzt, den ich fragte, bestätigte meinen fürchterlichen Verdacht. Diese Form von Leukämie hatte auch noch die schlechteste Prognose. Sie galt als fast unheilbar. Ich wollte laut schreien und in diesem Moment hasste ich meinen Beruf abgrundtief.

Ich konnte nur erahnen, was mein folgender Anruf beim Kinderarzt und erst recht bei den Eltern auslösen würde.

Die folgenden Monate waren ausgefüllt mit medizinischen Untersuchungen. An manchen Tagen durfte Benny für ein paar Stunden nach Hause. Doch die meiste Zeit verbrachte er in der Klinik. Er erhielt Chemotherapien und Bestrahlungen. Obwohl es ihm durch und durch schlecht ging und er oft starke Schmerzen hatte, weinte er selten. Verzweifelt kämpfte das gesamte medizinische Personal der Kinderkrebsstation um das Leben des kleinen Jungen. Mit seiner fröhlichen Art hatte er ihre Herzen zum Schmelzen gebracht. Der Kampf erschien aussichtslos.

Fast täglich sah ich den kleinen Patienten. Häufig kam er ins Labor zum Blutabnehmen und um „Tante Conny" zu besuchen. An anderen Tagen, wenn er zu geschwächt war, ging ich zu ihm. Er vertraute mir und ging mit mir selbst zu einer schmerzhaften Knochenmarkpunktion. Krampfhaft hielt er meine Hand. Mein Blick war verschleiert: Ach Benny, könnte ich dir doch nur all das Leid ersparen.

Auch zu Bärbel, der Mama von Benny, hatte ich engen Kontakt. Sie war täglich viele Stunden auf der Station. Liebevoll kümmerte sie sich auch um die anderen Kinder und tröstete unermüdlich andere weinende Mütter. Viele dachten, sie wäre stark und tapfer. Kaum einer ahnte, wie es ihr wirklich ging. Mit brüchiger Stimme erzählte sie mir, dass Benny seine Behandlungen mit Mausi nachspielte. Einmal punktierte er mit Omas Stricknadel Mausis Becken. Ein anderes Mal wollte er unbedingt, dass Mausi ein CT, eine Computertomografie, bekam. Das ist eine spezielle Röntgenuntersuchung. In tiefer Verzweiflung legte sie das Plüschtier auf das Backblech und stellte das Licht im Herd an.

Inzwischen war Benny „groß". Auf alle Fälle war er selbst davon überzeugt, denn er war jetzt drei Jahre alt.

Eines Tages hörte ich, wie er sich mit anderen Kindern über „Kotztröpfe" unterhielt. Dann fragte er mich: „Tante Conny, wo sind meine Haare?" Meine Augen waren feucht und ich hatte das Gefühl zu ersticken.

Benjamin hatte irgendwann kaum noch weiße Blutkörperchen. Das bedeutete, er hatte keine funktionierenden Abwehrkräfte und konnte an einer Grippe sterben. Es war ein Wettlauf mit der Zeit. Würde Benny den Krebs besiegen?

Es waren nur noch wenige Wochen bis zum Weihnachtsfest. Seit drei Wochen hatte er keine Krebszellen mehr in seinem Blut. Ein winziger Hoffnungsschimmer breitete sich aus. Bärbel sehnte sich so sehr nach einem normalen, besinnlichen Fest. Doch zwei Wochen vor Weihnachten wurden erneut bösartige Zellen in Bennys Blut gefunden. Hoffnungslosigkeit griff um sich. Jetzt konnte nur noch ein Knochenmarkspender helfen. Schon seit Beginn der Erkrankung wurde europaweit verzweifelt ein Spender gesucht. Zu allem Überfluss hatte Benny auch noch eine sehr seltene Blutgruppe. Auf dem gesamten Kontinent konnte kein geeigneter Spender gefunden werden. Das bedeutete: Bärbels Sohn würde das nächste Vierteljahr nicht überleben.

Bennys vierter Geburtstag nahte. Er lag nur noch apathisch in seinem Kinderbettchen. Sein kleiner Körper war vom Tod gezeichnet. Bärbel hatte kaum noch Hoffnung, dass er es bis zu seinem Geburtstag schaffen würde. Sie wünschte sich aus tiefstem Herzen, dass er noch die Kerzen auf dem Geburtstagskuchen ausblasen könnte.

Benny selbst hatte nur einen Wunsch: Er wünschte sich einen Bauarbeiterhelm, denn er wollte wie sein Papa ein großer Bauarbeiter sein. Dieser scheinbar kleine Kinderwunsch war jedoch zu DDR-Zeiten nicht so leicht zu realisieren. Doch kein Weg war mir zu weit. Es musste doch irgendwo ein Bauarbeiterhelm aufzutreiben sein!

Ungefähr im zehnten Spielwarenladen erhielt ich den gesuchten Artikel. Die Verkäuferin konnte meine Freude darüber nicht verstehen. Aber das war mir auch egal. Ich war in der Lage, Bennys letzten Wunsch zu erfüllen. Das war das Einzige, was zählte.

Am nächsten Morgen standen Bärbel und ich mit unseren Geschenken an Bennys Bett. Der kleine Mann hatte kaum noch Kraft, die Kerzen auszupusten. Von seinem Kuchen konnte er nichts mehr essen. Doch seine Augen leuchteten, als er den Bauarbeiterhelm erblickte. Ein letztes kraftloses Lächeln huschte über sein Gesicht. Um 15 Uhr hörte sein kleines Herz auf zu schlagen. Blind vor Tränen kehrte ich an meinen Arbeitsplatz zurück.

Die Friedhofskirche war bis auf den letzten Platz gefüllt. Vorn im Altarraum stand der kleine weiße Sarg. Ein buntes Blumenmeer umhüllte ihn. Auf dem Sarg saß Mausi. Die Tränen strömten mir über das Gesicht. Ich hatte das Gefühl, mir würde das Herz aus dem Leib gerissen.

Ich nahm Bärbel und ihren Mann Rolf in die Arme und sagte: „Benny hat jetzt endlich keine Schmerzen mehr. Er sitzt im Himmel und strahlt als heller Stern auf uns herunter. Wenn wir abends zum Firmament aufblicken, sehen wir ihn leuchten. Benny war der tapferste kleine Junge, den ich je kennenlernen durfte."

Benny, ich hatte dich so lieb. Ich werde dich niemals vergessen.

21. Die Braut des Soldaten

Die Jahre gingen so dahin. Immer häufiger sehnte ich mich danach, im anderen Teil Deutschlands zu leben, endlich Henry wiederzusehen und meine Lebensentscheidungen in Freiheit zu treffen. Doch eine Flucht kam für mich nicht infrage. Ich hatte schließlich erlebt, wie viel Leid Henry mit seiner Entscheidung abzuhauen über mich und seine Familie gebracht hatte, denn auch mit seinen Angehörigen durfte er sich nicht treffen. Henry konnte weder bei der Hochzeit seiner Schwester dabei sein, noch erlebte er das Heranwachsen seiner Nichten und seines Neffen.

Im September 1988 stießen Schüler der Erweiterten Oberschule Carl von Ossietzky in Berlin-Pankow auf ein Gedicht und hefteten es mit dem Kommentar: „Dies hat uns zum Nachdenken angeregt" an die Schulwandzeitung:

Du Meine (Oberfeldwebel Bernd Anderson)

Ich denk noch an einst,
an sonnigen Tagen,
hab stolz ich dich
übern Bach getragen.
Dein Können
hast du mir gezeigt,
hab willig mich zu dir geneigt.
Die Stärken sind mir gut bekannt,
oft zucktest du in meiner Hand.

Und ich werd in deine Kammer gehn,
werd in reinster Pracht dich sehn.
Ich streif mit dir zur Mondesnacht,
dein Anblick mich ganz sicher macht.
Ich weiß warum,
ich kenn dein Wie,
du, Kalaschnikow-MPi.

Diese Liebeserklärung an ein Maschinengewehr bekam eine nie vorauszuahnende Bedeutung. Philipp Lengsfeld, Alexander Krohn, Benjamin Lindner und Wolfram Richter, dessen Vater Hochschuldozent und Mitglied der SED war, sowie ein paar sympathisierende Freunde flogen daraufhin von der Erweiterten Oberschule und wurden vom MfS verfolgt. Schüler von anderen Schulen schlossen sich den entstandenen Protesten an. Wie zu Beginn der 1950er-Jahre entwickelte sich eine gewaltige unaufhaltsame Protestwelle, die sich rasch über die gesamte Republik ausbreitete. In was für einem Land lebte ich hier eigentlich? In diesem demokratischen Staat flog man von der Schule, nur weil man geäußert hatte, das Gedicht rege zum Nachdenken an. Ich war fassungslos. Ohnmächtige Wut und tiefe Trauer erfassten mich und viele andere Bürger des Landes.

In den Kirchen kam es zu Fürbitt- und Friedensgebeten. Es herrschte Unsicherheit und Angst.

Im Mai 1989 konnte das erste Mal bei den Kommunalwahlen Wahlbetrug nachgewiesen werden. Der Wahlbetrug war der „fehlende Tropfen", der das Fass zum Überlaufen brachte.

Die Ereignisse überschlugen sich. Ich erinnere mich an die Montagsdemonstrationen, vor allem in Leipzig, aber auch in anderen Städten Ostdeutschlands. Tausende DDR-Bürger waren auf den Straßen und demonstrierten. Sie riefen: „Wir sind das Volk!" und riskierten dabei ihr Leben für die Freiheit. Viele andere waren in Budapest und Prag in die Botschaften der BRD geflüchtet. Die Wut und die Unzufriedenheit der Menschen in Ostdeutschland waren so groß, dass sie sich nicht einmal vor Festnahmen und anderen Repressalien fürchteten.

Im September 1989 spitzte sich die Situation immer mehr zu. Immer häufiger kam es bei Friedensgebeten in Kirchen zu Festnahmen durch die Staatssicherheit.

22. Bewegende Zeiten

Nicht nur in der gesamten DDR kam es zu einem gigantischen Umschwung. Auch mein Privatleben stand auf dem Kopf. Nach sechs Jahren, die von Einsamkeit und Schuldgefühlen geprägt waren, hatte ich mich Hals über Kopf verliebt. Tobias und ich hatten uns schon vor einigen Jahren auf dem Geburtstag einer Freundin kennengelernt und losen Kontakt gehalten.

Im August 1989 trafen wir uns am Senftenberger See wieder. Dabei vertiefte sich unsere Freundschaft. Stundenlang saßen wir am Ufer des Sees und redeten. Sven, ein gemeinsamer Freund, war in die Botschaft der BRD nach Budapest geflohen. Tobias vertraute sich mir an und erzählte, dass er ursprünglich mit ihm zusammen abhauen, jedoch zuerst seine Lehre als Elektriker beenden wollte. Aus diesem Grund floh er nicht mit ihm in die Botschaft. Er fühlte sich schuldig, dass er Sven nicht von seiner Flucht abgehalten hatte. Ich konnte ihn so gut verstehen und erzählte ihm von Henry.

Von diesem Moment an trafen wir uns, sooft unser Dienstplan es zuließ. Wir arbeiteten zu diesem Zeitpunkt beide im unregelmäßigen Schichtdienst. Häufig trampten wir die Strecke von Berlin nach Senftenberg. Wir fühlten uns tief verbunden und sehnten uns danach, miteinander zu reden. Unsere Beziehung war jedoch rein platonisch.

Immer mehr Freunde flohen in die Botschaften nach Budapest und nach Prag. Wenn man sich mit Freunden traf, herrschten Schmerz und Unsicherheit. Konnte man dem Freund wirklich vertrauen oder gehörte er etwa auch zur Stasi? Sah man sich heute zum letzten Mal? Hatte der Freund womöglich auch Fluchtpläne?

Eines Abends besuchten wir gemeinsam einen bewegenden Gottesdienst in der Gethsemanekirche in Ostberlin. Wir wollten Kerzen anzünden und für Frieden beten. Mit uns hatten sich etwa siebenhundert Menschen versammelt. Während des Gottesdienstes ging ein Mann zum Altar und zündete eine Kerze an. Im Gebet bat er um Kraft, den Leuten zu vergeben, die ihn und zweihundert andere Menschen verhaftet und gefoltert hatten. Er erzählte, dass er und die anderen Mitgefangenen achtundvierzig Stunden auf engstem Raum hatten stehen müssen. Ihre Hände waren dabei auf dem Rücken gefesselt gewesen. Ein Gang zur Toilette wurde ihnen nicht erlaubt. Die Teilnehmer des Gottesdienstes weinten und hatten fürchterliche Angst. Sie fragten sich: „Werden wir auch festgenommen, wenn wir weiterhin in der Kirche bleiben, um für Frieden zu beten?"

Nach dem Gottesdienst brachte ich Tobias völlig aufgewühlt zum Bahnhof. Doch wie wir beide frustriert dem Fahrplan entnehmen konnten, fuhr an diesem Tag kein Zug mehr nach Senftenberg. Erst am nächsten Morgen, um 6 Uhr, sollte wieder einer fahren. Wir blieben einfach dicht aneinandergelehnt auf der Bahnhofsbank sitzen. Plötzlich waren unsere Berührungen nicht mehr freundschaftlich. Heißes Verlangen gemischt mit tiefer Verzweiflung trieb uns in die Arme des anderen. Mir liefen noch immer die Tränen. In haltloser Leidenschaft presste Tobi mich an sich und küsste immer wieder die Tränen von meinem Gesicht.

23. Zerrissen

Wie in Trance vergingen die nächsten Wochen. Ich schwebte durch das Leben, fieberte jedem Wiedersehen mit Tobias entgegen und war in der Zwischenzeit getrieben von Ängsten vor der Stasi und vor einem großen Blutvergießen. Was würde der nächste Tag mit sich bringen?

Meine Eltern erhielten im September eine Hochzeitseinladung von einer Cousine in Langenfeld. Das liegt im Rheinland. Mein Vater war noch immer gezeichnet von seiner schweren Erkrankung und brauchte zwei Krücken, um sich fortzubewegen. Das bedeutete, dass er zwei Begleitpersonen für die Reise benötigte. Wir beantragten für die gesamte Familie eine Reisegenehmigung. Der Hochzeitstermin war Mitte Oktober. Tief in unserem Herzen glaubten wir nicht an eine Reisegenehmigung, rannten jedoch jeden Tag zum Briefkasten, um nach der Genehmigung zu schauen.

Ende September kam ein Brief der Reisebehörde. Der Umschlag wurde zerfetzt. Alle Familienmitglieder wollten gleichzeitig das Schreiben lesen. Meinem Vater, meiner Mutter und mir wurde die Ausreise gestattet. Wir erhielten ein Visum für sechs Wochen. Nur meiner kleinen Schwester Kathrin wurde die Ausreise verwehrt. Man wollte sie als Pfand, als Rückkehrgarantie in die DDR, behalten.

Diese Entscheidung machte uns das Herz schwer. Was sollten wir tun? Zu dritt die einmalige Chance nutzen und in den Westen reisen? Oder sollten wir den frechen Brief einfach wieder zurückschicken? Wir waren total hilflos und die Tränen liefen vor lauter Fassungslosigkeit. Nächtelang diskutierten wir, wie wir uns verhalten sollten. Schließlich entschieden wir uns, zu dritt zu der Hochzeit zu reisen. Für uns stand jedoch auch ohne Erpressung fest, dass wir zurückkommen würden. Abzuhauen war für uns keine Lösung! Zu tief war die Wunde, die Henry mir und seiner Familie mit seiner Flucht ins Herz gerissen hatte.

Mein Verlangen, mich endlich mit Henry auszusprechen, war ungeheuer groß. Über Henrys Vater gelang es mir, Henry eine kurze Nachricht zukommen zu lassen. Ich teilte ihm mit, dass ich am 21. Oktober in Langenfeld bei einer Hochzeit sein würde: „Wenn du mich sehen willst, komm nach Langenfeld. Ich habe einen Freund und werde auf alle Fälle wieder zurückkreisen!"

Ich erzählte Tobi natürlich von unserer bevorstehenden Reise und dem geplanten Treffen mit Henry. Seine Kehle war wie zugeschnürt und er brachte kaum einen vernünftigen Satz zustande. In meinem Herzen tobte ein Gefühlschaos. Ich liebte Tobi, aber ich hatte Henry auch geliebt und mich über so viele Jahre nach einer Begegnung mit ihm gesehnt. Nur mit Kathrin konnte ich über mein schmerzendes Herz reden.

Doch auch sie hatte keinen Rat, was ich tun sollte. War es richtig, sich nach so langer Zeit mit Henry zu treffen? Würden alte Wunden wieder aufgerissen werden oder endlich heilen? Liebte er mich noch immer? War er verheiratet? Wollte er mich überhaupt sehen? War meine Liebe zu Tobi stark genug? Ich war total zerrissen und überfordert. Nachts zerwühlte ich mein Kopfkissen und fand keinen Schlaf. Am Tage liefen mir scheinbar grundlos die Tränen übers Gesicht. Ich hatte das Gefühl, gleich den Verstand zu verlieren, und sehnte den Tag unserer Abreise herbei.

Kathrin und Tobi begleiteten uns zum Bahnhof Friedrichstraße, bis zum Tränenpalast. Dieses Gebäude machte seinem Namen alle Ehre. Tränenpalast, so hieß im Volksmund die damalige Ausreisehalle der Grenzübergangsstelle Bahnhof Friedrichstraße. Der Bahnhof befindet sich innerhalb der ehemaligen Osthälfte Berlins. Von hier konnte man mit der S-Bahn, U- oder Fernbahn aus der DDR nach Westberlin ausreisen.

Die Bezeichnung „Tränenpalast" leitet sich davon ab, dass die meisten DDR-Bürger keine Reisefreiheit hatten und ihre westlichen Besucher hier unter Tränen verabschieden mussten.

Dort befanden sich die Kontroll- und Abfertigungsschalter der Grenztruppen der DDR.

Tobi und ich hielten uns eng umschlungen. Meine Tränen durchweichten seine Jeansjacke. Mit brüchiger Stimme brachte er nur zwei Worte hervor: „Komm zurück!" Ich konnte vor lauter Anspannung überhaupt nichts sagen.

24. Das Wiedersehen

An die Fahrt und die Hochzeit kann ich mich nur nebulös erinnern. Es gab so viele Menschen, die mich um mein scheinbares Glück – „freu dich doch, du darfst in den Westen reisen" – beneideten. Doch niemand ahnte, wie zerrissen ich mich fühlte.

Am Sonntag, dem Tag nach der Hochzeit, klingelte es bei unseren Verwandten. Meine Tante kam zu mir. „Da steht ein Mann vor der Tür und fragt nach dir." Ich stürzte aus dem Zimmer.

Henry stand im Türrahmen. Optisch hatte er sich kaum verändert. Mein Herz raste. Wir fielen uns um den Hals und weinten – weinten alle Tränen, die wir in den letzten sechs Jahren noch nicht geweint hatten. Ich weiß nicht, wie lange wir eng umschlungen auf der Treppe saßen. Sprechen konnten wir nicht. Mein Körper wurde immer wieder von tiefem Schluchzen geschüttelt.

Endlich hatte ich mich so weit gefasst, dass ich mich von meinen Eltern und meinen Verwandten verabschieden konnte. Wir wollten die nächsten sieben Tage gemeinsam bei Henry zu Hause in Bayern verbringen.

Während der Fahrt schwiegen wir fast die ganze Zeit. Jeder hing seinen Gedanken nach. Ich hatte Henry wie erwähnt schon vor unserem Treffen erzählt, dass ich auf alle Fälle wieder nach Hause fahren wollte. Auch von Tobias hatte ich ihm berichtet.

Als Erstes fuhren wir nach Köln und besichtigten den Dom. Sprachlos stand ich vor dem grandiosen Bauwerk.

So eine schöne Kirche hatte ich noch nie gesehen. Natürlich stiegen wir die 533 Stufen des Südturmes hinauf und genossen die fantastische Aussicht. Im Anschluss suchten wir zwei Stunden Henrys Auto. Offensichtlich war er durch die Begegnung mit mir auch so aufgewühlt, dass er vergessen hatte, in welcher Straße wir geparkt hatten. Endlich fanden wir seinen Wagen.

Inzwischen waren wir hungrig und fuhren zu McDonald's. Ich aß zum ersten Mal in meinem Leben einen „Fischmäc".

Wir wollten Sven, den gemeinsamen Freund aus Oranienburg, in Dortmund besuchen. Er war über die Budapester Botschaft ausgereist und auch seine Schwester Sandra war in den letzten Wochen in den Westen geflohen.

Es wurde eine zutiefst aufwühlende Begegnung. Vier Oranienburger saßen in der Wohnung in Dortmund. Drei Menschen würden in der Bundesrepublik bleiben, doch für mich stand fest, dass ich zurückreisen würde. In der Nacht floss nicht nur eine Menge Alkohol, sondern es flossen auch reichlich Tränen. Die Situation zerriss mich schier.

In der Woche, die ich mit Henry verbrachte, standen wir beide unter einer immensen Anspannung. Wir konnten kaum einmal zusammen lachen. Henry liebte mich noch immer. Doch ich war nicht mehr seine kleine Siebzehnjährige. Ich hatte mich verändert. Ich war nicht nur gereift, ich hatte mich auch neu verliebt und Tobias mein Herz geschenkt.

Henry hätte im „goldenen Westen" die Möglichkeit gehabt, Forstwirtschaft zu studieren. Doch er nutzte seine „große Freiheit" nur, um ins Wirtshaus zu gehen. Ich war so enttäuscht. Er hatte nicht nur alles für diesen Traum aufgegeben; durch seine Flucht hatte er auch einen gewaltigen Scherbenhaufen hinterlassen.

Henry versuchte verzweifelt, mein Herz zurückzuerobern. Ich hingegen bemühte mich mit ganzer Kraft, ihm und seinen Berührungen zu entfliehen. Jetzt wusste ich, dass es ein riesiger Fehler war, mich mit ihm zu treffen. Mir war vorher nicht bewusst gewesen, dass Henry mich noch immer lieben würde. Doch diese Einsicht kam zu spät. Die Woche war ein einziges Desaster. Gemeinsam trieben wir unaufhaltsam dem Abgrund entgegen. Ich hätte mir nicht vorstellen können, noch tiefer zu fallen!

Eines Abends nahm mich Henry mit zu seinem Stammtisch. Nur widerwillig ging ich mit ihm in das Lokal. Kaum hatte mich Henry vorgestellt, wurde ich auch schon von den angetrunkenen Männern mit Fragen bombardiert. „Hey, weißt du nicht, wie sehr Henry dich liebt?" „Warum bleibst du nicht hier?" „Bist du etwa auch so eine rote Socke?"

Die Situation war einfach nur ätzend! Ich wollte mich nicht vor diesen Fremden offenbaren und nur noch aus diesem bayerischen Wirtshaus fliehen.

Henry sagte zu all dem nichts und ich fragte ihn hinterher: „Warum hast du mir das angetan? Warum hast du mich in so eine Situation gebracht? Warum wurde ich von dieser biertrinkenden Gesellschaft angegriffen? Warum musste ich mich rechtfertigen?" Was wussten die von meinen durchweinten, schlaflosen Nächten, von meiner Einsamkeit, von der schweren Krankheit meines Vaters? Wussten sie vielleicht, wie es sich anfühlte, dass meine kleine Schwester als Pfand zurückbleiben musste?

Ach Henry, du hattest dich so verändert. Jetzt waren wir uns so nahe und doch trennten uns Welten.

Es folgte eine Nacht der ungestillten Sehnsüchte, eine Nacht der Enttäuschungen und der Vorwürfe. In diesen Stunden war meine Liebe zu Henry endgültig erkaltet. Ich wäre am liebsten sofort abgereist. Doch nicht einmal dazu hatte ich die Möglichkeit. Ich hatte weder ausreichend Westgeld, um mir eine Fahrkarte zu kaufen, noch hatte ich die Möglichkeit, nachts aus diesem Dorf wegzukommen.

In grenzenloser Verzweiflung entschuldigte sich Henry am nächsten Morgen. Doch es ließ sich nichts ungeschehen machen.

Henry brachte mich noch zum Zug. Ich dachte in diesem Moment, ich würde ihn nie wiedersehen. Es war der 28. Oktober 1989, der fünfzigste Geburtstag meines Vaters, der Tag, an dem ich mit meinen Eltern in die DDR zurückreisen würde. Meine Eltern sollten später in den Zug steigen, damit wir gemeinsam die Grenze in den Osten überqueren konnten.

Die Fahrt glich einem Albtraum. Verzweifelt versuchte ich, aufzuwachen und dem Erlebten zu entfliehen. Doch dies war kein Traum, sondern bittere Realität.

Der Zug fuhr viele Stunden durch Westdeutschland. Auf jedem Bahnsteig kam es zu unvorstellbaren Szenen. Hunderte Menschen brachten ihre Angehörigen zu dem Zug, der nach Ostberlin fuhr. Die Menschen brüllten sich ihre Verzweiflung aus der Seele: „Bleib hier!" „Bist du verrückt?" „Fahr nicht zurück!" Die Menschen flehten, schrien und weinten. Doch wir hatten unser Leben, unsere Familie, unsere Arbeit und unsere Freunde in Ostdeutschland. Die Menschen in Westdeutschland konnten uns nicht verstehen!

Auch Sandra war von Dortmund noch einmal zum Zug gekommen, um mir Lebewohl zu sagen.

Wir hielten in Marienborn, Helmstedt und in Berlin-Friedrichstraße. DDR-Grenzbeamte liefen, in Begleitung bissiger Schäferhunde, durch die verzweifelten Massen. Sie hatten ihre Maschinengewehre im Anschlag, jederzeit bereit zu schießen. Niemand ahnte, was nur wenige Tage später passieren würde.

Endlich konnten wir diesem Horror entfliehen. Ich stürzte aus dem Zug, in Tobias' Arme. Noch immer liefen mir die Tränen.

25. Der 9. November 1989

Ende Oktober war die Situation in Ostdeutschland fast nicht mehr zu ertragen. Die Verzweiflung und die Angst waren grenzenlos. Würde es bald ein gewaltiges Blutvergießen geben?

Mein Vater und ich hatten noch unser gültiges Reisevisum für den Westen und beschlossen, einen Tag in Westberlin zu verbringen. Mein Vater wollte Tante Erika, eine alte Verwandte, besuchen. Ich hätte mir zwar am liebsten das gesamte Westberlin angesehen, aber ich musste ja meinem Vater bei der Reise behilflich sein. Für diesen Besuch hatten wir uns den 9. November ausgesucht. Ich hatte am 8. November Nachtdienst und sollte einen 24-Stunden-Dienst absolvieren. Dafür hatte ich am 9. November frei, um auszuschlafen. Ich würde zwar reichlich müde sein, doch die Müdigkeit war unwichtig, wenn man einen Tag in Westberlin verbringen konnte. Schlafen könnte ich später immer noch.

Am 9. November trafen wir uns, mein Vater und ich, um 9 Uhr morgens am S-Bahnhof Friedrichstraße. Wir durchliefen eine aufwendige Personenkontrolle. Das kannten wir ja schon von unserer Reise nach Westdeutschland. Endlich öffnete sich für uns die schwere Eisentür. Wir waren in Westberlin. Mit dem Bus fuhren wir durch westliche Stadtteile. Ich drückte mir die Nase platt, denn ich wollte mir alles ansehen und die Eindrücke in mich aufsaugen. Ich hätte noch stundenlang durch die Stadt fahren oder schlendern wollen, doch wir waren ja mit Tante Erika verabredet. Innerlich haderte ich mit dem Schicksal, denn ich wollte die Metropole genießen und nicht Verwandte besuchen, egal, wie nett sie auch sein mochten. Wir verbrachten den Tag leider nur in der Wohnung der Tante.

Am Nachmittag klagte mein Vater über Übelkeit und heftige Bauchschmerzen. Ich war aufs Äußerste erschrocken. Mein Vater war zwar von seiner Krebserkrankung genesen, aber sein Gesundheitszustand war noch immer recht labil. Seine Schmerzen wurden zusehends schlimmer. Ich war voller Sorge und drängte zum Aufbruch, um in Ostberlin einen Arzt aufsuchen können.

Ich musste meinen Vater nach Möglichkeit umgehend über die Grenze bringen. Doch das war leichter gesagt als getan. Inzwischen konnte er kaum noch gehen. Er krümmte sich vor Schmerzen und seine Haut war leichenblass und glänzte vor Schweiß. Auf dem Bahnhof Friedrichstraße brach er schließlich zusammen. Es war inzwischen schon nach 20 Uhr. Doch der Notarzt aus der Charité erschien nicht. Ich konnte es nicht fassen. Warum dauerte das bloß so lange?

Am Bahnhof Friedrichstraße herrschte das totale Chaos. Eine riesige Menschenansammlung befand sich auf der Straße. Alle schrien durcheinander, stießen sich an und bedrängten einander. Mein Vater schrie vor Schmerzen und ich wartete voller Verzweiflung auf den Rettungswagen. Warum half mir denn niemand?

Immer öfter hörte ich Schreie: „Die Mauer ist auf!"

Ich dachte nur: „Sind die hier alle betrunken?" Das konnte doch nicht sein.

Endlich kam der Krankenwagen. Der Arzt war sehr beunruhigt und wollte den Patienten gleich mit in die

Charité nehmen. Mein Vater weigerte sich jedoch, in den Krankenwagen einzusteigen. Unter Tränen flehte er den Arzt an, ihn nicht einzuweisen. Der Arzt akzeptierte seine Bitte und gab ihm lediglich eine schmerzstillende Spritze. Ich sollte mit ihm mit der Taxe nach Oranienburg fahren.

Noch nie, so schien es mir, war die Schlange am Taxistand so lang. Mein Vater konnte sich kaum auf den Beinen halten und stöhnte vor Schmerzen. Einige Passanten wichen angewidert zur Seite. Endlich saßen wir in einem Taxi. Gegen 22 Uhr kamen wir erschöpft bei uns zu Hause in Oranienburg an.

Ich selbst war auch total müde und erschöpft. Doch ich war so übermüdet, dass ich keinen Schlaf fand. Im Nachbarzimmer hörte ich noch immer meinen Vater schreien. Schließlich war auch meine Mutter völlig am Ende ihrer Kräfte und ließ ihn von Rettungskräften in das Krankenhaus bringen. Der Rettungsarzt stellte die Diagnose akute Pankreatitis (Bauchspeicheldrüsenentzündung). Diese Diagnose wurde im Laufe des Tages nach weiteren Untersuchungen im Krankenhaus auch bestätigt. Mein Vater sollte noch viele Wochen im Krankenhaus verbringen.

Meine Mutti konnte ich in der Nacht kaum trösten. Ich hatte auch seit mehr als sechsundvierzig Stunden nicht geschlafen. Endlich, gegen 2 Uhr morgens, fiel ich in meinem Bett in einen unruhigen Schlaf.

Kurz nach 8 Uhr erwachte ich. Mist, ich hatte gründlich verschlafen, denn normalerweise hätte ich schon seit einer Stunde im Dienst sein müssen. Ich war noch immer müde und ausgepowert, rief meine Chefin an und bat sie, mich für heute zu beurlauben.

Sie war total verärgert und meinte: „Das geht nicht, du

musst sofort zum Dienst erscheinen, denn es ist keiner deiner Kollegen hier. Die sind alle im Westen."

Ich verstand nur Bahnhof. „Wieso ist niemand im Dienst und warum sind angeblich alle im Westen?"

„Weißt du denn nicht, was heute Nacht passiert ist?"

„Nein, ich habe keine Ahnung, wir hatten einen Rettungseinsatz in meiner Familie. Ich habe nichts anderes mitbekommen."

„Heute Nacht wurde die Grenze geöffnet."

„Welche Grenze?"

„Na die Grenze von Westberlin und Westdeutschland!"

Ich stand noch immer auf der Leitung und konnte das Gehörte in keinen sinnvollen Zusammenhang bringen. Ich war wohl noch erschöpfter, als ich es angenommen hatte, und fragte mich: Spinnen die jetzt alle? Ich konnte es einfach nicht glauben! Die Grenze sollte offen sein? Unfassbar!!! Dabei hatte ich doch die Worte von unserem Staatsoberhaupt in den Ohren: „Die Mauer wird in fünfzig und auch in hundert Jahren noch bestehen bleiben."

Doch das Wunder war geschehen und die Mauer war eingestürzt. Und an solch einem Tag sollte ich arbeiten? Aber was blieb mir anderes übrig?

Ich fragte mich, ob Tobi die große Neuigkeit schon wusste. Es gab keine Möglichkeit, miteinander zu telefonieren. Na, er würde vermutlich nicht lange auf sich warten lassen. Außerdem waren wir sowieso für den nächsten Tag verabredet. Er kam noch am Abend nach Berlin getrampt. Am nächsten Tag wollten wir gleich morgens über die Grenze gehen. Wir wollten spüren, ob das Unfassbare tatsächlich wahr war, und das Wunder mit eigenen Augen sehen!

Für Millionen Menschen war dies ein überwältigendes Ereignis. Fremde Leute tanzten zusammen auf den Straßen oder lagen sich in den Armen und weinten. Es geschahen Dinge, die wir uns in unseren kühnsten Träumen nicht vorgestellt hatten. Tausende DDR-Bürger strömten über die Grenzen. Die Grenzsoldaten, die nur wenige Stunden zuvor ohne zu zögern und mit eiskaltem Blick Flüchtlinge erschossen hätten, lächelten uns zu und winkten uns über die Grenze. Ihre Maschinenpistolen waren mit Rosen geschmückt. In der gesamten Stadt herrschte Partystimmung. Immer wieder wurden wir von fremden Menschen umarmt. Der Sekt floss in Strömen. Langsam konnten wir glauben, dass die Mauer nach achtundzwanzig Jahren wieder geöffnet war. Wir waren ein Volk!!!

26. Begrüßungshunni

Die Regierung der BRD beschloss, die Menschen aus Ostdeutschland besonders herzlich willkommen zu heißen. Es wurden sofort finanzielle Mittel aus dem Bundeshaushalt zur Verfügung gestellt. Jeder DDR-Bürger erhielt bei der Einreise in die BRD hundert D-Mark.

Nach wenigen Tagen stellte sich mir dann *die* Frage: Was mache ich nur mit meinem „Begrüßungshunni"? Das Geld sollte natürlich für einen absolut besonderen Zweck verwendet werden. Ich überlegte hin und her. Da ich immer grenznah gelebt hatte, war ich mit dem Westfernsehen aufgewachsen. Da wurde einem suggeriert, dass man unbedingt vor seinem Tod nach Paris reisen sollte – frei nach dem Motto: „Paris sehen und sterben."

Meine Freundin Britta und ich waren uns einig: Eine Fahrt nach Paris sollte es sein! Wir fanden ein Reiseunternehmen, das uns für 89 D-Mark von Berlin nach Paris und wieder zurück bringen würde. Wir jubelten – es ging in die große weite Welt hinaus!

Hilfe, wir waren so aufgeregt und freuten uns wie kleine Kinder, wenn das Weihnachtsfest vor der Tür steht. Ich erzählte jedem, der es hören, und jedem, der es nicht hören wollte, von unseren Reiseplänen.

Wir fuhren die ganze Nacht mit dem Bus. Morgens waren wir dann endlich in der Stadt der Liebe. Zu dem Reiseangebot gehörte glücklicherweise eine Stadtrundfahrt. Dabei drückten wir uns die Nase am Busfenster platt, denn wir wollten uns nichts entgehen lassen.

Der Bus fuhr mit uns zu Sacré-Coeur. Diese malerische weiße Kirche befindet sich auf dem Montmartre, der höchsten Erhebung von Paris. Schon von Weitem strahlte sie uns entgegen. Wir besichtigten die Basilika und genossen das Panorama. Was für ein Ausblick! Ich hatte das Gefühl, von dort aus könnten wir die gesamte Stadt überblicken. Der Reiseleiter drängte uns zum Weiterfahren, denn schließlich sollten noch mehr Sehenswürdigkeiten besichtigt werden. Ich war äußerst gespannt, denn ich kannte nur den Eiffelturm, und den auch nur von Fotos. Unsere Fahrt führte uns in die City, zur Kathedrale Notre-Dame. Mit offenen Mündern bestaunten wir die farbigen Fensterrosetten. Es war wunderschön und wir wollten am liebsten alle Eindrücke aufsaugen.

Der Rest des Tages stand uns zur freien Verfügung.

An den Verkehr von Paris mussten wir uns jedoch erst einmal gewöhnen. Ich war zwar als Berlinerin ein starkes Verkehrsaufkommen gewohnt, doch so etwas hatte ich noch nie erlebt. Diese Automassen waren beängstigend. Ich dachte, ich schaffe es niemals, lebend die Straße zu überqueren. Offensichtlich hatte hier auch jeder Autofahrer seine eigenen Verkehrsregeln.

Britta und ich hatten jeweils noch 11 D-Mark. Wir tauschten zuerst unser Geld in Francs um. Dieses kostbare Geld für öffentliche Verkehrsmittel auszugeben, kam uns natürlich überhaupt nicht in den Sinn. So liefen wir zu Fuß durch die französische Hauptstadt, begierig darauf, das Flair dieser Stadt einzuatmen. Was gab es da nicht alles zu sehen, zu riechen und zu fühlen! Der Geruch von frisch gebackenem Baguette stieg uns in die Nase. Das Wasser lief uns im Munde zusammen. Wie gern hätten wir uns in ein Café gesetzt, einen Milchkaffee und das leckere Gebäck genossen!

Unser erster Weg führte uns zum Eiffelturm. Dort am Fuß des Turmes tranken wir eine kleine Flasche Sekt. Bis vor wenigen Wochen hätten wir uns nicht vorstellen können, jemals in Paris Sekt trinken zu können. Es war vermutlich nicht der teuerste Sekt, den ich jemals getrunken hatte, aber der denkwürdigste Moment, um mit diesem perlenden Getränk anzustoßen. Nur allzu gern wären wir die siebenhundert Stufen hinaufgestiegen, doch reichte unser restliches Geld nicht für den Eintritt aus.

Wir spazierten am Louvre vorbei und bewunderten die Pyramide aus Glas am Eingang des Museums. Ein Besuch des Museums war uns leider nicht möglich. Schade, wie gerne hätten wir uns die berühmte Mona Lisa angesehen.

Später flanierten wir die Champs-Élysées entlang. Wir rasteten auf einer Parkbank. Franzosen mit Baskenmützen, wie wir sie aus dem Fernsehen kannten, spielten Boule. Alles wirkte sauber und friedlich. Mit viel Freude beobachtete ich die Straßenkünstler. Die farbigen Gaukler zogen mich in ihren Bann. Sie musizierten oder malten Bilder von den Touristen. Wie schade, dass wir fast kein Geld und nur wenige Stunden Zeit hatten.

Dann mussten wir uns auch schon wieder zu unserem Treffpunkt begeben. Schließlich wollten wir auf keinen Fall unseren Bus verpassen.

Auf dem Rückweg zu unserem Reisegefährt wurde es noch einmal spannend. Wir hatten in der fremden Metropole nicht auf den Weg geachtet und uns gründlich verlaufen. Jetzt konnten wir den Sammelpunkt, von dem der Reisebus abfahren sollte, einfach nicht wiederfinden.

Erschwerend kam noch hinzu, dass wir nur wenige Worte Französisch konnten. Wir kannten die Vokabeln: „deux baguettes", „Café au Lait", „merci" und „je t'aime". Grundsätzlich schadet es ja nicht, wenn man diese Wörter in Frankreich kennt, doch wenn man nach dem Weg fragen möchte, nutzen sie wenig. So fragten wir auf Englisch nach der Oper, dem vereinbarten Treffpunkt. Doch die Menschen in Paris waren nicht geneigt, uns zu antworten. Unsere sieben Jahre Russischunterricht halfen uns auch nicht weiter. Langsam wurden wir spürbar nervös. Wir hatten inzwischen kaum noch Geld. Verzweiflung breitete sich aus. Wie sollten wir nur zurück nach Berlin kommen, wenn wir den Bus nicht fanden? Die Zeit raste nur so dahin. Hektisch liefen wir durch Paris. Es gab niemanden, der uns half. Schließlich gaben wir die Hoffnung auf, unseren Bus noch zu erreichen. Wir hatten die vereinbarte Abfahrtszeit bereits um mehr als zwei Stunden überschritten.

Endlich fanden wir die Oper und trauten unseren Augen kaum: Unser Bus stand noch da! Man hatte unser Fehlen bemerkt. Ungläubig starrten wir auf das Gefährt. Jetzt gab es kein Halten mehr. Wir rannten, so schnell wir konnten, unserem Transportmittel entgegen. Am liebsten wären wir dem freundlichen Busfahrer vor Dankbarkeit um den Hals gefallen. Er lächelte uns an und meinte nur: „Zwei so reizende junge Damen lässt man doch nicht allein in Paris zurück."

Während unserer Rückfahrt grübelte ich über die Ereignisse der letzten Wochen nach. Wie in einem Film zogen die Bilder der Grenzöffnung an mir vorbei. Ich erlebte noch immer Momente der Angst, Angst, dass dies alles nur ein schöner Traum war und ich mit schrecklichen Gefühlen erwachte. Doch dies war kein Film, dies war unbegreifliche Realität. Der Jahrzehnte während Schrei nach Freiheit war erhört worden. Auch wenn ein falscher Prophet und sein Gefolge skandiert hatten, die Mauer werde noch hundert Jahre bestehen bleiben, mussten sie ihren Irrtum erkennen. Die Grenzen waren offen und wir waren wieder ein Volk.

Nachwort

Noch heute bin ich Gott von Herzen für dieses unfassbare Wunder der Grenzöffnung dankbar. Auch den Montagsdemonstranten, die ihr Leben für die Freiheit riskiert hatten, möchte ich an dieser Stelle danken. Mein Dank gilt auch Michail Gorbatschow, der mit viel Mut und Umsicht gehandelt und Großes ohne Blutvergießen bewirkt hat.

Heute bin ich froh und glücklich, in Hamburg leben zu können. Ohne die Grenzöffnung wäre das alles niemals möglich gewesen.

Meine Geschichte, wie ich sie hier erzähle, ist wahr. Nur die Namen sind zum Schutz der Personen verändert. Lediglich der Name meiner Cousine Antje ist real, sie gab mir die ausdrückliche Genehmigung zur Verwendung.

Dank

Mein Herz ist voller Dankbarkeit, dass dieses Buch jetzt fertig vor mir liegt. Ein besonderer Dank gilt meinem Mann Andy Schramm, dem besten Ehemann von allen. Er unterstützte mich nicht nur, wenn Computerprobleme mich an den Rand der Verzweiflung trieben. Er baute mich auch immer wieder auf, wenn mich mein Vertrauen verließ und ich dachte, ich würde das Manuskript niemals zustande bringen.

Mein Dank gilt auch meinen Eltern und meiner Tante Dietlind. Danke, dass ihr immer für mich da wart. Meine Mutti hat schon vor fünfunddreißig Jahren ganz fest daran geglaubt, dass ich einmal ein Buch schreiben würde.

Ich möchte mich bei Hollow Skai bedanken. Er begleitete mich bei meinem Schreibstudium und inspirierte mich zu diesem Buch.

Meine Lektorin Alexa Länge engagierte sich beim Brunnen Verlag für das Erscheinen meines Buches und stand mir mit Rat und Tat zur Seite. Ihr wie den anderen Mitarbeitern des Verlags gilt mein Dank.

Von Herzen danke ich Heike Kühne und Martina Ernst, dass sie für mich das Manuskript Korrektur lasen. Eure Tipps waren super!

Danken möchte ich auch Stefan Kraft, dem Pastor unserer Gemeinde, der mir in vielen Gesprächen half, die Vergangenheit gut zu verarbeiten.

Ich möchte mich bei Annegret Jeser und Sabine Falticko für alle technische Unterstützung bedanken.

Kerstin Brockmann gab mir als Leiterin der Schreibwerkstatt in dem Verein „Alles wird schön" in Hamburg-Heimfeld nicht nur manch guten Rat, sondern ermutigte mich zum Durchhalten. Ihr wie Jonas Dallmann und Annette Schmitz-Dowidat gilt mein Dank für ihre professionelle Beratung.

Martin Schmiedel/Michael Stahl

Kein Herz aus Stahl

Außenseiter, Bodyguard,
Herzenskämpfer

208 Seiten, gebunden
ISBN Buch 978-3-7655-0957-5
ISBN E-Book 978-3-7655-7393-4
Hörbuch erscheint Frühjahr 2017

Mein Herz schlug wieder so wild wie nach dem Traum am
Morgen. Wie würde Vater auf meinen Besuch reagieren?
Seine Ablehnung und Verachtung hatte ich oft genug zu
spüren bekommen. Ich ging die drei kurzen Schritte und
klopfte. Dann drückte ich die flache Klinke herunter und
öffnete vorsichtig die Tür. „Vater", begann ich zögernd,
„ich muss dir etwas sagen … "
   Als Sohn eines gewalttätigen Alkoholikers wird Michael
Stahl auch in der Schule gemobbt und herumgestoßen.
Später macht er seinen Traum vom Starksein als Bodyguard wahr und schützt Stars wie Nena oder Boxlegende
Muhammad Ali. Doch auch seine steile Karriere kann die
quälende Vater-Wunde nicht heilen. Schließlich macht er
sich auf den Weg, um Versöhnung zu finden – und den
Gott, der ihm damals auf den Bahngleisen das Leben gerettet hatte …

BRUNNEN VERLAG GIESSEN
www.brunnen-verlag.de

Werner Wigger

Wunder inbegriffen

Dr. med. Werner Wigger –
Ein Leben voller Risiken
und Nebenwirkungen

224 Seiten, gebunden
ISBN Buch 978-3-7655-0935-3
ISBN E-Book 978-3-7655-7359-0

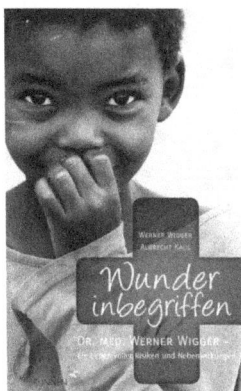

Die packende Lebensgeschichte von Werner Wigger. Als junger Christ in der DDR gedemütigt und bespitzelt, darf er doch Medizin studieren. Nach seiner Flucht in den Westen nimmt er als Arzt an Auslandseinsätzen teil und gründet das „Deutsche Missionsärzte-Team". Ein spannender Lebensbericht, der Mut macht, auf Gottes Hilfe im eigenen Leben zu vertrauen.

„Dr. Wigger ist ein Mann, der bereit ist, große Herausforderungen im Namen des Glaubens anzupacken. Solche Lebensberichte animieren mich, Gott ebenfalls zu vertrauen. Vermutlich wird es den meisten Lesern ganz ähnlich ergehen."
Dr. Klaus Dieter John
Direktor des Hospitals Diospi Suyana in Peru

BRUNNEN VERLAG GIESSEN
www.brunnen-verlag.de

Matthias Storck

Vaterland zum Mitnehmen

Erfahrungen eines Freigekauften

224 Seiten, Taschenbuch
ISBN Buch 978-3-7655-4277-0
ISBN E-Book 978-3-7655-7356-9

Nach 14 Monaten als „Strafgefangener 28" im DDR-Zuchthaus ist der 24-jährige Matthias Storck wieder frei. 1980 von der Bundesrepublik freigekauft, beginnt er mit seiner Verlobten ein neues Leben im Westen. Spannend und originell schildert Storck seine zaghaften Schritte im unbekannten Land. Immer wieder schieben sich die Schatten der Vergangenheit ins Bild. Und: Wie kann er als Pfarrer den Gott verkündigen, der geschwiegen hat, als er im Zuchthaus saß? Erst allmählich findet er zu ihm zurück. Vom Autor von „Karierte Wolken".

BRUNNEN VERLAG GIESSEN
www.brunnen-verlag.de

Hat Ihnen dieses Buch gefallen?
Schreiben Sie's uns auf www.brunnen-verlag.de
Ihre Meinung zählt!